烟火钦州

万年如烟 满城灯火

谢勇云 陈春棠 编著

广西师范大学出版社
GUANGXI NORMAL UNIVERSITY PRESS
·桂林·

图书在版编目（CIP）数据

烟火钦州 / 谢勇云，陈春棠编著. -- 桂林 : 广西师范大学出版社，2024.1
ISBN 978-7-5598-6472-7

Ⅰ．①烟… Ⅱ．①谢… ②陈… Ⅲ．①钦州－地方史 Ⅳ．①K296.73

中国国家版本馆 CIP 数据核字（2023）第 198383 号

责任编辑　苏秋燕
助理编辑　庞子思　罗涵兮　曾丽容
封面设计　谢勇云
书名题签　韦华琳
版式设计　黄小纯
责任技编　石玉珏

广西师范大学出版社出版发行
（广西桂林市五里店路 9 号　邮政编码：541004
网址：http://www.bbtpress.com）
出版人：黄轩庄
全国新华书店经销
服务电话：0771-2092860
广西民族印刷包装集团有限公司印刷
（南宁市高新区高新三路 1 号　邮政编码：530007）
开本：787 mm × 1 070 mm　1/16
印张：16.25　　字数：155 千　　图：243 幅
2024 年 1 月第 1 版　　2024 年 1 月第 1 次印刷
定价：96.00 元

序　言

习近平总书记指出，历史是最好的教科书，一切向前走，都不能忘记走过的路；走得再远、走到再光辉的未来，也不能忘记走过的过去。

俗世烟火里的历史，是一个地方的足迹和印记，是一个地方的神奇魅力所在，也是这个地方走向未来的精神图腾。

“为口不辞劳跋涉，愿风吹我到钦州。”一代国画宗师、人民艺术家齐白石先生，一生中五度出游。在最后的三次旅程中，他均选择了钦州。在耄耋之年，他对钦州的思念之情溢于言表，并写下了饱含深情的诗句。

钦州，这座城市究竟蕴含着何种魅力？又为何能让齐白石先生魂牵梦绕，依依不舍？在这座城市里，究竟隐藏着哪些不为人知的独特之处呢？

当年的钦州只是南国边陲一座小城，数次归隶广东、广西之间，受粤文化和壮文化多重浸淫；再往前追溯，这里是“去京师万里”的海角天涯，是由隋至明千余年间官宦流放的“天南瘴海滨”。

然而，能让一代艺术宗师魂牵梦萦的钦州，自有一方与众不同的山水人文格局。

钦州位于广西北部湾经济区的核心部位。约两万年前，钦州先民已开始尝试与这片山海和谐相处。南朝宋置宋寿郡和宋寿县，是今市境建制的开始。隋开皇十八年（公元 598 年），改安州为钦州，这是钦州得名之始。斗转星移，钦州已走过数百年。明、清、民国时期及新中国成立初期，钦州属广东，1951 年中央委托广西代为管辖，次年正式划属广西，1955 年复隶广东，1965 年再度划至广西，此时的钦州辖北海、东兴在内的七个县市，人口近五百万。1994年6月，钦州撤地设市，成为广西一座年轻的地级市，辖灵山县、浦北县、钦南区、钦北区。今天，钦州总人口已超四百万。

大地有灵，人中有杰。钦州发展从量变到质变，自然绕不开那些与她息息相关的人和事。

钦州海纳百川，是一个兼容并包的城市，她热情地接纳了陶弼、李受彤、徐的、岳霖、林希元等外籍官员，甚至是受贬、流放官员。这些官员放下个人委屈，在钦州这个地方一心一意兴修水利、扶掖生产、拓建学堂、固边安民，“只惭无德愧斯民”。更为重要的是，来自中原或其他经济文化发达地区的他们为“天南瘴海滨”打开了一扇多彩的窗，各种先进的科技和文化在这里齐生共长，交会出一种多元而极富特质的人文精神。陶弼的到任为钦州带来一股清新的诗风。岳飞之子岳霖请来周去非主持钦州教育，为钦州培养了大批人才；周去非则将在钦州的见闻悉数写入《岭外代答》，该书内容之丰富大大超过之前的各种广西史志著作，被近现代学者推为唐宋时期广西史志的压轴之作。林希元编纂的《（嘉靖）钦州志》更是给钦州留下一份珍贵的历史文化遗产。

钦州，不仅是一方神奇的土地，也是一座能孕育文臣武将、催生英雄人物的城市。中国近代著名民族英雄刘永福、冯子材均为钦州人。刘永福率由钦州子弟组成的黑旗军南下援越抗法，立下赫赫战功；冯子材作为镇南关前敌主帅取得“镇南关大捷”，这是从鸦片战争到抗战胜利前的近百年历史中唯一一场不以割地赔款告终的历史性胜利。钦州也诞生了姜公辅这样的一代名相，以及宁原悌、冯敏昌等一代文豪，他们成为早期钦州文化的输出者。姜公辅受命于危难之际，奉职于多事之秋，尽心辅弼朝廷，政绩可述，官至宰相。宁原悌累官至谏议大夫，深受唐睿宗赏识，后为玄宗任用兼修国史。冯敏昌则是著述最丰的广西古代壮族大家之一，被尊为“诚五岭之鸿儒”，入翰林，官至刑部河南司主事。他在京任职时独力首倡筹建廉州会馆“廉本堂”，使赴京的乡人得以居住；返乡后倡议重修回澜书院，使失学子弟得以回院学习。

这些人因为钦州而有了更为多元的血性和内涵，这座城市也因为这些人而沉淀下更广更深的内涵和血性。正因为如此，钦州变得立体和多维，显现出历史的厚度和质感。

西汉时期，海上丝绸之路织就了世界性的贸易网络，钦州是海上丝绸之路的关键节点之一。钦州探索茫茫大海之路，始于汉，继于唐，鼎盛于宋。这段历史，是钦州国际视野的启蒙，钦州在“去京师万里”的地域局限下展现了截然不同的地域优势。“不等不靠、上马第一”的精神成为钦州人民血脉跳动的节奏，进而演化为一种基因。二十世纪九十年代，在“全民建港”的浪潮中，钦州在一片荒滩上建起一个起步码头，竖起几台吊机。二十一世纪初，“当代愚公”精神薪火延续，钦州人民在一片荒芜滩涂上一日填海造地四十亩，在一片惊涛骇浪中一天填海筑路五百米，将不可能变为可能，创造了令人信服的“钦州速度”，创造了“北部湾奇迹”，使得钦州迅速成为中国与东盟合作的新平台、新动力、新亮点。

今日钦州，风云际会。被誉为“世纪工程”的平陆运河开工建设，这是新中国成立以来建设的第一条连通江海的大运河，钦江两岸人民乃至广西人民做了上千年的好梦终于照进现实。一河贯通，八桂向海，这条造福人民的开放河、绿色河、团结河、幸福河正呼之欲出。全市上下正加快建设高质量发展、高水平开放、高品质生活的滨海运河城市，写好“港、区、产、城、人”五篇文章，做大做强做优向海经济，围绕西部陆海新通道建设，推动中国（广西）自由贸易试验区钦州港片区、中马钦州产业园区、钦州综合保税区提档升级，以更高站位共建开放大通道，以更高标准提升开放大平台，以更实举措厚植开放大产业。

凤凰涅槃，浴火重生。这本《烟火钦州》，为我们展现了钦州数千年历史的沧桑历程，描绘了岭南古郡从蛮荒之地走向“一带一路”重要节点的历史变迁，以及从天涯海角走向开放开发前沿的壮丽图景。书中不仅流淌着古往今来的钦州人民和匆匆过客的心声和情感，还生动地展现了特色鲜明的民俗和事象，它们如同滔滔奔流的钦江水，内蕴着这座千年古城的烟火世故和乡愁情怀。

这部作品史料翔实、可读性强，是一部很好的文史读物和乡土教材。无论是对于钦州历史文化的传承，还是对于热爱乡土的人们来说，《烟火钦州》都是一部值得一读的佳作。

察往知来，观古识今。本书编写者致力于共同讲好历史钦州、文化钦州、烟火钦州的精彩故事，倾力做好“岭南古郡、千年陶都、英雄故里、海豚家园、魅力之城”的宣传推广工作，打造钦州特色IP，努力展现“钦近东盟，共赢之州”的靓丽品牌。衷心期望《烟火钦州》能够激发广大读者的强烈共鸣！

钦州的历史充满神奇，钦州的未来同样充满神奇，让我们共同期待共同见证吧！

目录

上篇　万年如烟

下篇　满城灯火

● 千年古城

● 乡间社火

钦州得名凡一千四百余载
历千劫而不古，运百福而长今
千年历史悠远而绵长
俗世烟火中的钦州颇有神话色彩
书写了别具一格的苦难辉煌

古老的安州已经消逝在历史深处
成为遥远的记忆
而作为新崛起的中国滨海运河城市
钦州风华正茂，魅力四射

上篇

万年如烟

钦州

万年烟火随风飘散　钦州故事并没湮灭

2020 年 10 月，天朗气清，惠风和畅。

历尽沧桑的钦州老街经过全面规划升级改造，以崭新的容颜展现在人们面前，全城百姓为之惊叹。

金风玉露一相逢，便胜却人间无数。

老街开放当天，古城万人空巷。长长的老街人流如织、摩肩接踵，具有明清风情的骑楼街令人惊喜不已。

老街为老百姓打开了一扇尘封已久的历史之门，让人们通过神秘的时光隧道追溯钦州漫长而辉煌的历史。

历尽沧桑的钦州老街以崭新的容颜展示于世人面前

钦州这座古老而年轻的滨海运河城市在海平线上冉冉升起，世界为她的峥嵘初露而惊艳。钦州人民以“敢为天下先”的勇气和坚韧顽强的毅力踔厉前行，在一张白纸上抒写了无愧于历史和时代的美丽画卷。中国民主革命先行者孙中山先生《建国方略》的百年梦想终于照亮现实，“南方第二大港”的雄伟构想化为钦州美丽而真实的恢宏图景。

蔚蓝色的滨海运河之城从地平线上冉冉升起，大海共长天一色。可爱的中华白海豚像精灵一样在三娘湾海面跳跃，大型临海工业与之交相辉映，展现了人与自然和谐共生的美好图景。

生态环境保护与发展临海大工业比翼齐飞，钦州人民在“面朝大海、春暖花开”的美好愿景中向海图强，与大海共生共荣。

关于钦州的历史记载浩如烟海，天涯神话被世人广为传扬。

在遥远的两万多年前的旧石器时代晚期，人类就在这片美丽神奇的海湾迎送潮涨潮退、日出日落，狩猎、耕耘，搭棚、盖屋，一代又一代在这里休养生息、繁衍后代。

在先秦时期，钦州地区尚属种族繁多的百越之地，森林中猛兽横行，山水间瘴气弥漫，居民荒蛮不化，被世人遗忘在角落，基本上仍处于原始部落联盟阶段，被北方人称为“南蛮”之地。为了便于在中毒情况下进行急救，当地居民普遍将两颗门牙敲掉，因此，钦州人被称为“凿齿之民”。

由于钦州“去京师万里”，从汉代开始，钦州就成为朝廷惩罚犯罪官员的流放之地。唐朝的宰相张说、诗人宋之问，北宋的大文豪苏轼、抗金英雄岳飞的儿子岳霖等人先后来到钦州，将积淀深厚的中原文化引入这个缺乏文明教化之地。“万里瞻天万里情”，被贬官员的流风遗韵至今还在影响着钦州。

雄心万丈的秦始皇统一六国之后定都咸阳，他将目光聚焦在江南之南，于公元前219年首次派军南下，十多万秦军浩浩荡荡地前来，一路向南，再向南，旌旗猎猎，锐不可当。骁勇善战的大将军屠睢踌躇满志，策马扬鞭，统率大军昂首前进，毫无畏惧地踏入了这片神秘莫测的“南蛮”之地。十万大军鏖战三年，马不卸鞍，人不解甲。尽管秦军在兵力部署方面费尽心机，但是百越人凭借地理位置的优势，将秦军杀得丢盔弃甲狼狈不堪。不可一世的屠睢大将军万万没有料到，植被浓郁、瘴气弥漫的百越之地竟然成为让他万劫不复的葬身之所。

秦始皇三十三年（公元前214年），钦州和百越其他地域一起被正式纳入大秦版图。随后秦始皇为了加强对百越地区的控制，从中原移民五十万之众南下发展生产。中原文明辗转而来，与百越文明相互融合。象郡治下的钦州同桂林、南海和象三郡的其他地区一样，逐渐摒弃了刀耕火种、结绳记事的原始生产生活方式，向着中原先进的农耕文明迈进。

秦末（公元前204年），南海郡赵佗乘秦乱之机，自立为南越王，割据一方。子孙承袭五代，统治岭南将近百年。在这近百年的历史中，今天的钦州市始终隶属赵氏南越国的割据地区，直至汉元鼎六年（公元前111年）汉武帝平定南越国置合浦郡。今钦州市境归属合浦郡下合浦县管辖。

三国时期钦州市境属吴国（公元222年—280年），仍为合浦郡合浦县地，属交州。南朝宋（公元420年—479年），合浦郡地分宋寿、宋广二郡，今钦州为宋寿郡、宋广郡宋寿县地，先属交州，后属越州。这是钦州最早的建制。南朝梁（公元502年—557年），以宋寿县置安京郡，又以宋寿、宋广、安京三郡置安州。隋开皇十八年（公元598年），桂林总管令狐熙接受宁猛力建议，改安州为钦州，取钦顺之义。“钦州”由此得名。隋大业三年（公元607年）

1994年，钦州两个万吨级起步码头建成启用，庆典现场锣鼓喧天

改为宁越郡。此后，钦州建制几经变更。唐朝先后改为钦州总管府、宁越郡、钦州。汉至唐朝，今市境相继设立过十一个郡署、七个州署、近二十个县署，今浦北县、灵山县、钦北区、钦南区都有分布。明、清、民国隶属广东省。

1949 年 10 月 1 日，毛泽东主席在天安门城楼上庄严宣告中华人民共和国正式成立，中国人民从此站了起来。然而，此时的华南和西南的大片地区还没有解放，依然笼罩在黑暗之中。

两个月后，伟大的人民解放军开始南线大追歼，国民党残部白崇禧部被中国人民解放军第四野战军打败，中国南部沿海从此再无战事，鲜艳的五星红旗高高飘扬在钦州城头。钦州人民载歌载舞，热烈欢呼新中国的诞生。

1951 年，广西受中央委托代管钦州。1952 年 3 月，钦州正式归属广西省管辖。1955 年，钦州复隶广东省。1965 年，钦州再度归属广西壮族自治区，并设立钦州专区。1971 年，改称钦州地区。1994 年 6 月，国务院批准撤销钦州地区，设立地级钦州市。

钦州自隋得名一千四百多年，饱经沧桑，历史悠长而深邃。

古老的安州已经消逝在历史深处，而作为最新崛起的滨海工业城市，钦州风华正茂，魅力四射。

延伸阅读

北部湾畔追歼战（节选）

梁光恩　吴世林

1949 年 12 月 2 日，白崇禧残部四万多人，争先恐后抢渡邕江向邕钦沿线逃窜。解放军粤桂边纵队第三支队等地方武装力量，在接到上级的指示后，对沿途的公路和桥梁进行了破坏，并沿途设防阻击国民党军。在一百多公里的公路上，到处是国民党军抛弃的车辆和物资，一片狼藉。

12 月 5 日早上，狼狈不堪的白崇禧残部华中军政长官公署及直属部队一万三千多人，分乘四百多辆汽车陆续进入钦州城。宁静的钦州城被这群不速之客扰乱了。国民党军进入钦州城后，就立即贴出了安民告示：华中十万大军开赴钦州，旨在“剿”共安民，希望各界大力协助云云。在贴出布告的同时，国民党军立即开始紧急布防和构筑工事。国民党军在小校场（今商业大厦）构筑了炮兵阵地，还在大街小巷用沙包、砖头构建了临时工事，准备与解放军背水一战。钦州城的上空一时战云密布，随处可见身穿黄色衣服的国民党士兵荷枪实弹横冲直撞。城内所有店门紧闭，学校停课，许多市民早已逃离钦州城。

为了阻止白崇禧残部往海边逃窜，在广东信宜和广西玉林等地作战的解放军第二野战军第四兵团第十三、第十四军，此时正以每天七十五公里的速度日夜兼程，向钦州长途奔袭。在国民党军进入钦州城还没来得及喘息的时候，解放军第十四军四十师九团就像天兵天将一般，在当天上午降临钦江边。国民党军做梦也想不到解放军如此神速，两条腿居然跑过他们的四个轮。解放军侦察人员很快摸清了国民党军在钦州的布防情况以及钦州的地形，为攻城掌握了第一手资料。下午，第十四军主力部队也抵达钦江东岸。解放军指战员命令兵分两路，第四十一、第四十二两个师从沙塘大沙头（今钦州新二中一带）涉水过江，快速将钦州城内的国民党军包围了。同时一支小部队直插康熙岭一带，截断国民党军向龙门逃窜出海的路线。

12 月 5 日当晚天刚黑，攻城就开始了。几颗信号弹划破了夜幕，解放军一个团率先向城内国民党军发起攻击，顿时城内枪声大作，爆炸声震荡钦州的夜空，四处火光冲天，人声鼎沸。国民党军凭借先进的美式装备，毫不示弱地向解放军阵地还击，一发发炮弹在解放军阵地上爆炸，腾起了一柱柱浓烟。解放军攻城部队受到城北龙岗阵地上的国民党军的猛烈抵抗，攻城受阻。为了攻占龙岗这个制高点，解放军某连英勇抗战，经过将近一个小时的激烈拼杀，终于攻占了龙岗阵地，犹如一颗钉子钉进国民党军的体内。

12 月 6 日上午，国民党军为了夺回龙岗，在飞机掩护下出动了两辆装甲车气势汹汹地由两翼向龙岗阵地扑来，企图把失去的阵地夺回去。国民党军的炮弹毫不吝啬地倾泻在阵地上，阵地硝烟弥漫，尘土飞扬，国民党军号叫着往阵地反扑。但解放军战士没有被国民党军的气势吓倒，反而越战越勇，多次打退了国民党军的进攻。战斗一直打到了下午，龙岗阵地依然牢牢地掌握在解放军的手中。

傍晚，解放军以五个团的兵力对钦州城发起总攻，不再给国民党军喘息的机会。到了晚上 8 点，战斗进入了白热化状态，炮弹的爆炸声震荡大地，流弹的闪光把夜幕撕碎。解放军某团第二营全体指战员在猛烈的炮火支持下，连续攻克了国民党军的几个外围阵地后，又迅速地攻占了城西北角的一个制高点。担任突击队的第六营以迅雷不及掩耳之势，攻占了红西庙的一个制高点，用猛烈的火力压制国民党军，国民党军节节败退，全部龟缩到城内的小巷内。

晚上 9 点多钟，解放军前线指挥部用八二炮信号弹向龟缩在城内的残敌发出了最后通牒。随后战士们高喊敦促国民党军投降的声音此起彼伏，向守敌发起了强大的政治攻势。国民党军指挥官知道败局已定，再无回天之力，绝望之时于晚上 12 点被迫投书请降。

1949 年 12 月 7 日凌晨枪声停息，钦州城区宣告解放。

钦州围歼战，歼灭华中军政长官公署及其直属部队四个步兵团、三个炮兵团、两个工兵团、一个汽车团，共一万两千多人，缴获火炮四十门，水陆两用坦克两辆，汽车四百多辆，各种枪支弹药及其他物资一大批，取得了辉煌的战果。

解放钦州战斗中，当地干部向南下解放军报告敌情

我军在解放钦州战斗中缴获的大炮

钦州历史悠久绵长　繁衍生息将近万年

钦州，于一千五百多年前建制，一千四百多年前得名。然而，这只是有文字记载的历史。在没有文字记载的时期，钦州的历史究竟有多长？这个地方究竟有何值得称道之处？在这片美丽而神奇的土地上，我们能否了解到最早的人类是什么样子？他们是如何生存的呢？

1960 年 4 月，中国科学院古脊椎动物与古人类研究所考古工作队等考古人员来到钦州，最终锁定灵山县灵城镇附近的马鞍山东胜岩、葡地岩，在这里找到了本土可知最早的人类化石——“灵山人”化石。此外，在钦州市钦南区犀牛脚镇丹寮村西海边的芭蕉墩遗址出土的石器，经专家鉴定，证明为八九千年前人类繁衍生息的遗物。

考古学家认为，许多动物比“灵山人”更早地活跃在钦州这片沃土上。在浦北县乐民镇蒙竹村六逢山的一个山洞中，考古学家们发现了更新世时期的动物化石，包括剑齿象、亚洲象、猎犬、野猪和獾熊等，这些化石的历史可追溯至五万年至二百五十万年前。

秦始皇三十三年（公元前 214 年）设置象郡，钦州被正式纳入大秦版图。从此，这里的人民告别了长期以来无组织无管理的自由散漫生活，开始进入准文明时代。钦州的世居民族以汉族为主，部分汉族人自秦汉后由中原经闽粤等地徙来。此外，壮族为钦州土著民族，是古骆越族的后裔。

因“去京师万里”，地处边鄙，钦州向来是历代王朝惩治官宦的流放地。然而，钦州也因祸得福，成为一扇接纳外界文明的开放窗户。对于那些具有使命感和责任感的官员来说，尽管内心委屈，但他们深明大义，认为只是换一个地方，以另外一种方式报国而已。他们拓建学堂、宣明教化、兴修水利、扶掖生产、固边安民，给钦州带来了先进的中原文明和农耕文化，为钦州发展做出了巨大的贡献。

作为面向南海诸国的便捷出海口，钦州的港口自汉代以来一直是海上丝

浦北乐民出土亚洲象骨骼（仿制品）

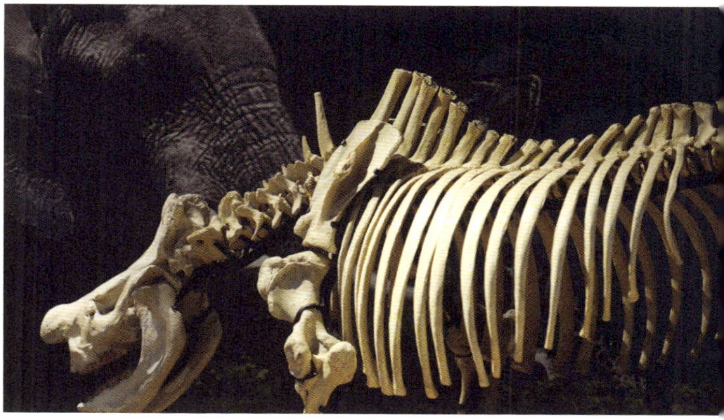

浦北乐民出土亚洲象骨骼（仿制品）

二十世纪五十年代的灵山县马鞍山

绸之路不可或缺的一部分。钦州市境内的大观港是大风江出海口，海面辽阔，为钦、廉二州通航要道，这里东抵高州、凉州、雷州、琼州，西达越南北部，是古代海上丝绸之路重要组成部分。汉代伏波将军马援南征时，在行军途中疏浚河道，“缘海而进，随山刊道千余里”，成功开辟了交趾与九真等地的陆上交通要道，这条“马援通道”极大地完善了古代海上丝绸之路合浦至钦州连接交趾段的交通网络。他还在大风江口开凿了长约八里、宽约六丈、深约四丈的西坑运河，史称“伏波运粮遗道”。这条西坑运河可直达钦州城，这使大风江港口（大观港）成为海上丝绸之路对外贸易的重要中转港口。

宋代，因“内屏数州、外扼海路”，朝廷在钦江畔设置博易场，这是广南西路唯一通江达海的博易场。这个早期面向东南亚的自由贸易区，外商舟楫往来不绝，展现出极度的繁华。历史上，钦州曾分别受广东和广西的管辖，兼有粤风桂韵的特点，并逐渐成为粤桂商贸的聚集地。经过岁月的洗礼，广州会馆、中山路骑楼老街等历史遗迹依然矗立，商贾云集的盛况至今仍历历在目。

汉代伏波运粮遗道

二十世纪二十年代初，伟大的中国民主革命先行者孙中山先生在《建国方略》中规划的“南方第二大港”百年梦想今天已经变成现实。如今，钦州保税港区正式转型为综合保税区，获批设立中国（广西）自由贸易试验区钦州港片区。中马“两国双园”成为中国—东盟合作示范区，钦州港是“二十一世纪海上丝绸之路”与“丝绸之路经济带”有机衔接的重要门户港，钦州是“一带一路”西部陆海新通道枢纽城市。而从百年祈盼中逐渐走向现实的平陆运河，承载着“向海而生、向海图强”的历史重任，正重新定义“钦三角”划时代的地位。

钦州的内涵未变，高贵的气质渐露，正昂首挺胸，迈步向未来。

宋代钦州博易场东江驿原址

孙中山先生《建国方略》关于钦州的论述（节选）

钦州位于东京湾（北部湾旧称）之顶，中国海岸之最南端。此城在广州即南方大港之西四百英里（1 英里约等于 1.61 公里）。凡在钦州以西之地，将择此港以出于海，则比经广州可减四百英里。通常皆知海运比之铁路运价廉二十倍，然节省四百英里者，在四川、云南、贵州及广西之一部言之，其经济上受益为不小矣。虽其北亦有南宁以为内河商埠，比之钦州更近腹地，然不能有海港之用。所以直接输出入贸易，仍以钦州为最省俭之积载地也。

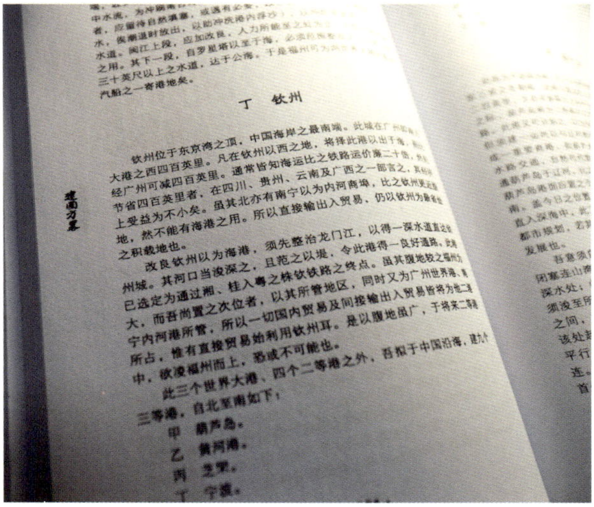

孙中山《建国方略》书影

● 故迹寻踪

汉族壮族和睦相处　客家疍家皆为一家

二十世纪六十年代初，考古学家惊人地发现，两万多年前的旧石器时代，在现在的灵山县灵城镇梓崇村一带已经出现古人类。

灵山县灵城镇梓崇村的马鞍山因状似马鞍而得名，在这座喀斯特孤峰下，有东胜岩、葡地岩和尽头岩三个洞穴。

1960 年春，广东师范学院、广东省文物管理委员会考古队和中国科学院古脊椎动物与古人类研究所的考古学家前来广西钦州市灵山县考古，在灵山县马鞍山东胜岩发现一块人类颞骨的鼓室部、两颗牙齿和一段左侧股骨上段，又在葡地岩发现一块顶骨和三块额骨。专家研究鉴定，上述化石为更新世末期的人骨化石。更为惊喜的是在东胜岩还有更大的发现——出土了熊的化石

灵山县马鞍山

马鞍山灵山人遗址

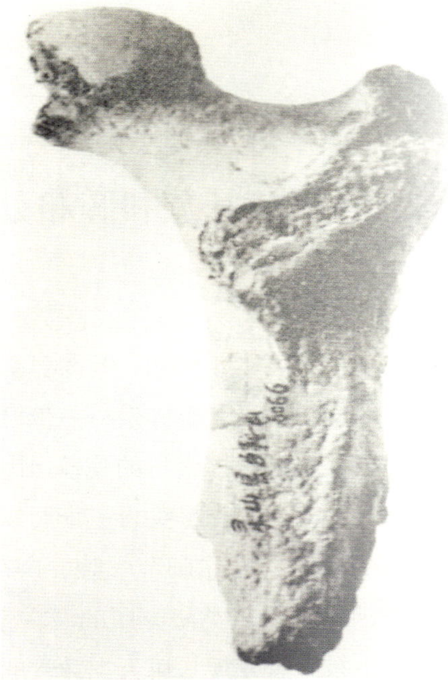
马鞍山出土的“灵山人”骨化石

和钙化蜗牛。此外，他们在石背山洪窟洞发现古人类遗址，并出土了一块顶骨、一块髋骨、一枚上臼齿和两枚板齿，这些遗骸属于旧石器时代的老年个体。在石塘乡钟秀山滑岩洞遗址，考古人员发现了十块头骨、七十枚牙齿、一块髋骨、一件穿孔石珠和一些网纹、绳纹陶片，经研究鉴定，上述人骨和物品属于新石器时代。专家据此得出结论，至少在距今两万多年前的旧石器时代，古人类已经在灵山的马鞍山一带生活，这些古人类也因此被称作“灵山人”。

沧海桑田，星移斗转。“灵山人”的后代走进文明历程，各民族逐渐在这里和谐相处，和睦发展。那么，古代钦州居民都由哪些人构成呢？

宋代周去非在《岭外代答》中记述：钦民有五种，一曰土人，自昔骆越种类也；二曰北人，本西北流民，自五代之乱，占籍于钦者也；三曰俚人，史称俚僚者是也；四曰射耕人，本福建人；五曰蜑人，以舟为室，浮海而生。

由此可见，宋代的钦州已是一个多民族聚居区。千百年来，他们在这片土地上共同生活，各民族之间相互包容，亲如兄弟。

最新统计资料表明，钦州市现有汉、壮、瑶、苗等二十三个民族，其中汉族和壮族为世居民族。壮族主要分布在钦南区、钦北区以及灵山县的部分乡镇；特别是在钦北区的大直、贵台、大寺、那蒙和新棠，以及钦南区的黄屋屯，壮族人口占据了当地总人口的一半。

壮族作为钦州的主要民族之一，其历史可以追溯到两千多年以前的骆越人，即土人。郦道元所著《水经注》引《交州外域记》说："交趾昔未有郡县之时，土地有雒田，其田从潮水上下，民垦食其田，因名为雒民。""雒"通"骆"，雒民即骆越之民，是分布于今广东、广西及越南北部一带的百越支系。文中的"雒田"是指今钦州、合浦沿海一带的"潮禾田"，"人食其田，名为骆人"，"骆人"与"骆越族"的名称便由此而来。钦州最初的土著居民就是骆越人。在漫长的历史发展过程中，部分骆越人与南迁的汉人相融合而形成新的汉人群体，另一部分逐步演变为隋唐时的俚人、明清时的僮人（即今天的壮族人），还有一部分可能演变为黎、侗等其他民族。

现居住在钦州的壮族人有部分是秦汉以来由于贬谪、流放、戍军、经商等从中原迁来的汉族人的后裔。如东汉马援将军平定二征叛乱后，为了巩固边疆，把副将黄万定、樢纯旺等留下来，带领林、简、梁、刘、凌、陆、韦七姓的谪遣者（即被流放的人）以及所部士卒戍守边境，发展生产，人们戏称他们是"马留人"（即马援将军留下的军人）。这些"马留人"与骆越人

钦州沿海的"潮禾田"

和谐相处，经过长期的民族融合（或社交或通婚），他们的生活习惯、语言等逐渐被同化，演变为如今的壮族。

占人口大部分的汉族，是历朝历代从中原迁徙来的族群。从秦大将王翦南征百越起，经东汉马援平越、唐安史之乱、宋狄青南征，再到清兵入关，为了逃避连年战乱，北方人民纷纷南移，导致湖南、江西、福建、广东等地的人口数量突然增加。为了谋求生存，南迁的汉族人被迫进一步向当时地广人稀的西南地区迁移，因此汉人徙钦源源不绝。

南迁的汉人主要有以下几种类型。

一种是因军事行动而留下的定居者。如公元前214年，秦南开五岭，征服了岭南的百越各部，置桂林、象、南海三郡管理岭南。为了加强对岭南地区的统治，数十万军队留守岭南，并不断补充兵员。为了稳定军心，南海郡尉赵佗“使人上书，求女无夫家者三万人，以为士卒衣补。秦皇帝可其万五千人”。意思就是说，南海郡尉上书要求朝廷从中原遣派三万女子来边疆嫁与军人，朝廷派了一万五千女子前来，成为部队家属。此后，秦朝还不断从中原移民来岭南。这批南迁的中原移民，有一部分来到了今钦州一带，与骆越人融合、杂居，共同开发这片蛮荒之地。东汉马援征交趾、平二征后，“有遗兵十余家不返……自婚姻，今有二百户……号曰马流。言语饮食，尚与华同。明朝调兵数十万来广西镇压交趾反叛以及平定倭寇。明末清初，南明永历政权数十万军队转战广西沿海抗清，散落了一批浙江、福建士兵。此外，各朝各代为加强对边疆的统治，抗击外敌入侵，均遣兵以十数万计，驻守戍边。元代还曾以钦州湾一带为军港，派军队“会钦廉”，三次征安南，并在广西设军屯，“任钦州达鲁花赤者有洛阳人冻阿木……开屯田、招流民等事”。清康熙年间曾置龙门协领、设龙门水师，驻岛士兵大都来自福建，他们被裁减后，大多落籍龙门，以打鱼为生。这些军事活动使得许多来自中原地区的汉族士兵留下戍边定居。现在钦州有不少地方以屯、营命名，就是受到当时军屯、军营遗风的影响，如钦南区的黄屋屯、北营等。

另一种定居者因商旅而来。从汉代开始，中原商贾满载丝织品等货物从合浦港出海，沿南方海上丝绸之路，前往东南亚各国开展贸易。有部分商人留居钦州。宋朝钦州博易场聚集着来自西南各地的商人。明清以后，广东、福建商人及农民溯西江而上，沿南流江到人烟稀少的广西沿海一带。钦州在明崇祯年登记人口“土著七分，寄籍三分”，而到清“乾嘉以后，外籍迁钦，五倍于土著”。

还有一种是历代被贬或被流放到钦州的官员及罪犯。隋代有柳述等人被贬钦州。唐代有崔神庆流放钦州；徐齐聃“以漏泄机密，左授蕲州司马，俄又坐事配流钦州”；宋之问于公元 710 年“以狯险盈恶诏流钦州”；姜皎于公元 722 年因“坐漏泄禁中语”，被杖之六十配流钦州；李邕于公元 725 年贬钦州遵化尉；房融“配流钦州”；韦玄贞“配流钦州而死”；张说坐忤旨流钦州，“在岭外岁余”。宋代有陈刚中惹怒秦桧而被谪知安远县；吕祖泰因得罪权贵，拘管连州（后发配钦州）；程千秋因作战不力被贬押送钦州编管。明代林希元得罪权臣，被贬谪钦州知州。这些被流贬到钦州的官员，部分人落籍钦州，世代繁衍，亦成为钦州先民。除了被流贬的人员，还有官员任职这种带有政治性质的移民。历朝到钦州任职的官员几乎都是来自中原或广西其他地区的汉族官吏。他们中不乏久居而不移动者，如唐代遵化进士姜公辅的祖父姜神翊，祖籍甘肃天水，徙南海，“为钦州参军时，始贯遵化”。钦州市钦北区青塘镇有一个大姓为利姓，其祖利明学，明末从高要调灵山任职，任职期满后定居于钦州陆屋圩东郊塘村，其后代分布于灵山、浦北各地。

疍民（俗称疍家），据说在两千多年前就已经出现了，但关于疍家的来源，众说纷纭。现在学术界比较主流的观点认为疍民主要源于古代的百越，是居水的越人遗民，属于汉族中的一个特殊群体：“舟居穴处，亦能汉音，以采海为生。”

早在宋代，疍家就是粤闽沿海水上居民族群的一个称谓。他们“以舟楫为宅，捕鱼为业，辨水色而知有龙。昔时有称为龙户齐民，则曰为疍家。土人不与结婚，不许陆居。洪武初，编户立里长，属河泊所，岁收鱼课”。《岭外代答》则详细描述：“以舟为室，视水如陆，浮生江海者，蜑也。钦之蜑有三：一为鱼蜑，善举网垂纶；二为蚝蜑，善没海取蚝；三为木蜑，善伐山取材。”清代末年，钦州湾沿海居住着一万多人口的疍家，分为蚝疍、渔疍和珠疍，分布在钦州境内大番坡及犀牛脚镇沿海，在城南马屋一带也有分布。

过去疍家人以舟艇为家，不能与汉人通婚，也不能上岸居住，不能读书应试，还负担着沉重的课税，被视为贱民。当他们需要集中议事或祭拜时，就会选择一个河湾坦地，几十条小艇聚集一起停泊，在岸边寻一个平坦的沙滩搭几间茅棚，作为公共活动场所，用于聊天议事或节气拜祭。到清末，随着围垦开发，疍家人的生活也发生了一些变化，他们在水边搭寮居住，称为“疍家棚寮”，是傍岸临水架设的棚户，竹瓦板壁，陈设简单。疍家人逐渐与陆上居民同化，间有通婚。新中国成立后，疍家人在民族上被认同为汉族，并在政治上获得了平等地位。

客家人的祖先原本生活在黄河流域以南、长江流域以北、淮河流域以西、汉水流域以东的中原地区。西晋八王之乱后，中原人陆续南渡，经过多次迁徙，最终客居于赣、闽、粤边境的山区盆地，包括赣南、闽西、粤北、粤东等地。这些迁徙的族群经过长期的繁衍生息，形成了客家人群体。在历史上，由于战乱等原因，客家人经历了多次迁徙，其中规模比较大的迁徙有五次。唐宋年间，客家人经历第三次大规模的迁徙，来到闽、粤、赣三角地区，他们在这里逐步孕育并形成了客家民系。随后，他们不断拓展自己的生存空间，越过大庾岭，穿过梅关，经过珠玑港，然后扩展到两广乃至东南亚等地。钦州一带的客家人大多是在明清时期由福建、广东迁来。特别是清咸丰、同治年间，由于粤中地区发生了持续十二年的土客械斗，清政府为解决土客之争，划出台山、遂溪等地安置客家人。此后，粤中地区的客家人再次经历大规模迁徙，他们大多从粤省中部和东部地区迁移到高州、雷州、钦州和廉州等地。目前，广西的客家人最集中的一片区域是在陆川、博白、浦北、合浦一带，其次是钦州、防城港、灵山。

钦州客家人相对集中在浦北县石埇、泉水、张黄等镇，灵山县三隆、灵城、文利等镇，以及钦州市钦南区和钦北区城区和平吉、黄屋屯等镇。与同样由北方南迁的广府民系和福佬民系等汉人相比，客家人在身体特征、体质方面并无差异，但在历史渊源、风俗习惯和所操语言等文化方面存在一定的差异。他们世世代代讲客家话（钦州当地称为“涯话”），信奉道教、佛教，崇拜祖先，特别注重建宗祠，不仅保留了从中原流传下来的文化、语言和习俗，还吸收了闽粤地区畲、瑶等族的优秀文化和风俗，创造了唱鹅、采茶戏、跳岭头、舞龙等文化表达形式，造就了独特的客家文化系统。

延伸阅读

历代流放到钦州的官员一览

朝代	人数	被流贬官员的姓名 （带＊者，史书上没有记载他们是流贬官员，但他们与流贬文化有关，故纳入）
西汉、东汉	16	孔乡侯傅晏、关内侯董恭、都尉董宽信、方阳侯孙宠、关内侯右师谭、南郡太守毋将隆、关内侯张由、太仆史立、泰山太守丁玄、河内太守尚书令赵昌、汉亚帝后卫姬、汉平帝国丈卫宝、建亚侯杜业、郎中令泠褒、黄门郎段犹、京兆尹郭寿
隋朝	2	柳述、高俭（隋唐大臣，但在隋朝时被流贬）
唐朝	17	刘世龙、党仁弘、崔神庆、张说、韦玄贞、徐齐聘、姜皎、宋之问、房融、李昭德、李邕、宗秦客、宗楚客、宗晋卿、吉温、张均、高戳
宋朝	15	牛冕（遇救改贬钦州）、苏轼（安置合浦）、程千秋（编管）、魏安行（编管）、吕祖泰（配隶）、胡梦（编管）、康与之（编管）、岳霖＊、杨友＊、陈瑾（编管合浦）、张去为（编管合浦）、刘绍先（编管合浦）、毛温＊、陈刚中＊、陶强
明朝	2	岳正（未到钦）、林希元

久隆古墓深藏秘密　宁氏家族威震岭南

钦州市钦南区久隆镇位于钦州市区东北。1976 年，考古学家对位于久隆镇的新圩、青草、新明、高明、水铺等地进行了大规模的考古活动，这次考古活动北起久隆平心，南至新明石狗坪一带，发现了古墓群及其深藏的大秘密。

古墓揭开千年事

久隆古墓群墓葬多为中小型券顶砖室墓。墓坑结构分为墓室、甬道等部分，平面呈“凸”字形或其变体。有的是夫妇合葬墓，双室并列，同坟异穴。墓壁用红、青两种砖三顺一丁砌筑。设有壁龛，有的有头龛。皆券顶，底部铺砖，前低后高。有的后室设棺床，三面留有边沟。墓门券拱上用双层砖砌起一道阑额，封墙高出甬道券顶。墓门外有斜坡墓道或阶梯式墓道。

其实早在清道光六年（公元 1826 年），就在新明石狗坪出土了隋大业五年（公元 609 年）宁赟墓碑；民国九年（公元 1920 年）又在平心圩山麓掘出唐开元二十年（公元 732 年）宁道务墓碑。二十世纪七十年代，考古学家在继续发掘中还原了久隆古墓群。久隆古墓群共有三十八座墓室，主要分布在久隆镇上东坝村东南部，即水铺、新明、双墩、青草、新圩等村周围，以新明、青草两地最为集中。发掘出的随葬品有青瓷器、陶器、金属器和琉璃器等。从出土的实物上判断，这是宁氏家族成员的墓穴，并据此揭开了宁氏家族尘封的秘密。

在岭南历史上，特别是在南朝梁至唐代初期的一百多年间，宁氏家族具有不可忽视的地位。该家族在当时与广东高州的冯冼氏、广东罗定的陈氏并称为“岭南三大豪门望族”，成为研究岭南地方望族历史文化史一座不可绕过的高峰。

久隆古墓之一

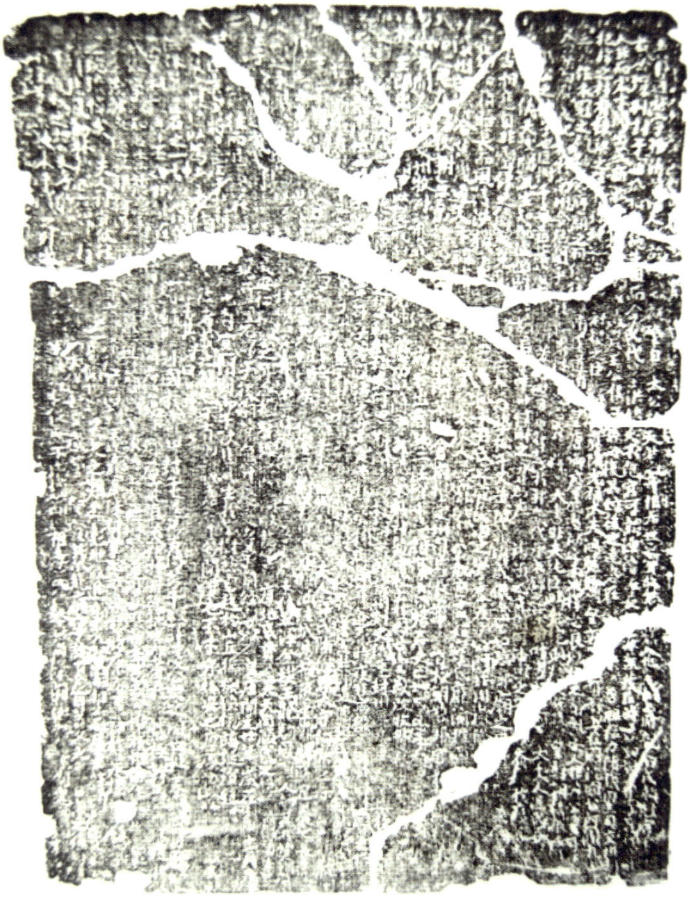

唐刺史宁道务墓志铭陶碑

五世七刺史始祖宁逵

南朝宋明帝泰始五年（公元 469 年），出于政治原因，山东冀州临淄县的一个家族被迫举族南迁。进入岭南的一支中，族人宁逵曾出任定州刺史。公元 547 年，宁逵从定州刺史转任安州刺史。此时宁逵年事已高，体弱多病，于是他带领族人入籍安州，并以此为家永远留了下来。

宁逵未曾料到，他的这次定居将在很大程度上改变安州历史的发展轨迹。多年以后，宁氏家族披荆斩棘、开疆拓土，并在鼎盛时期达到东西一千多里、南北五百多里的管辖范围。其辖区东起郁林，西至扶绥，南抵大海，北至南宁。他们竭尽全力为政一方，连续三朝世袭刺史之位治理钦州，创下“五世七刺史，百年而不替”的政治奇迹。

钦州获名因猛力

钦州古称安州，隋开皇十八年（公元 598 年）改名钦州，取钦顺之意。

说起钦州得名，其中有一段鲜为人知的故事。

故事的主角宁猛力，用他的远见卓识改写了钦州的历史。

宁逵生有两子：宁猛力和宁宣。

宁猛力，隋朝安州刺史，长子宁长真承袭刺史一职，次子宁贙为宁越郡太守。唐时，宁长真儿子宁据袭封钦州刺史，宁据的儿子又袭封钦州刺史。

宁猛力胞弟宁宣一脉主政毗邻钦州的廉州。根据宁猛力派遣，宁宣带兵进驻合浦大廉洞一带开辟新县，扼住东南沿海。后隋朝廷尊重这一事实，封宁宣为合浦郡太守。唐时，其子宁纯世袭为廉州刺史；宁纯的儿子宁琚以子贵被封，赠谏议大夫。

宁氏家族人才辈出，文韬武略，以宁猛力为代表的宁氏后辈，在陈末至唐初武德年间，将宁氏一族推进全盛时期。

公元 581 年，丞相杨坚窃取北周政权称帝，建立隋朝，是为隋文帝。雄心勃勃的隋文帝做了长达七年的充分准备。公元 588 年秋天，几十万隋军横渡长江向陈开战，一路高歌猛进，所向披靡。至该年年底，南陈灭亡。

高瞻远瞩的隋文帝意识到，自秦统一中原以来，虽然用武力征服了民风彪悍的岭南地区，但是此地不仅瘴气浓郁，对中原南下的军民都是极大考验，而且民族矛盾非常尖锐复杂。饱读诗书的隋文帝深思熟虑后认为，武力攻打只能维持一时，“不战而屈人之兵”才是上上之策，因此必须采取必要的措施缓和矛盾，才能长治久安。于是，隋文帝将泸州刺史令狐熙调任桂州总管，统领十七州军政。

令狐熙，字长熙，敦煌效谷（今甘肃敦煌市）人，北周骠骑大将军令狐整的儿子。性情随和、处世豁达的令狐熙走马桂州任职之后，一反过去的偏激做法，对岭南少数民族不排斥、不歧视，对少数民族首领恩威并用，与他们推心置腹，以理服人。他的行为赢得了少数民族首领的尊重，也让方圆百里的州郡县官吏纷纷臣服。

宁猛力势力强大，自视甚高。他与南朝陈的末代皇帝陈后主同年同月同日生，非但看不起这个昏庸的亡国之君，甚至认为自己“貌有贵相”，同样可以当天子，故不肯入隋朝谒拜。宁猛力之所以敢说出这样犯上作乱的话、

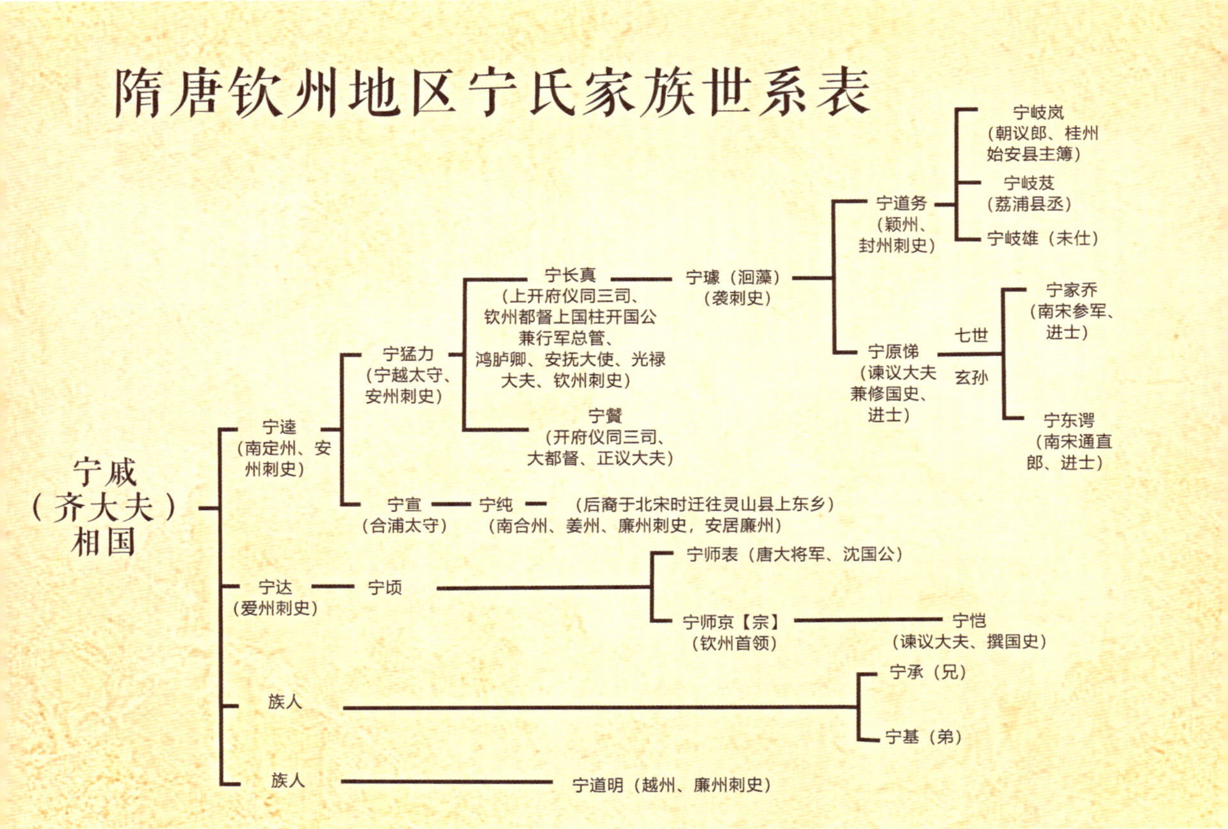

宁氏家族世系表图

做出这种逆天灭族的事，自有其道理：一是经过两代人的艰苦奋斗，宁氏在岭南的地位和势力已日渐显赫，成为统领乌浒、僚、俚等诸少数民族的大酋，兵强马壮，有“南海以西溪洞，自汉晋以来，宁氏最大”之说；二是安州作为古代“天涯”之地，距朝廷甚远，关山难越，故自恃兵威，雄踞一方。

隋文帝为了争取宁猛力，特任命他为安州刺史，但宁猛力不予理会，依旧凭险自固，自行其是。胸怀宽广的令狐熙没有因此责怪宁猛力，他亲笔写信诚挚邀请宁猛力前来桂州相见，表示以礼相待，以诚相见。

时值宁猛力母亲患病久治不愈，宁猛力束手无策，为之烦闷不已。令狐熙素知宁猛力是一个大孝子，闻讯后立即派人翻山越岭送药物到安州宁府，宁母所患之病终于痊愈。精诚所至，金石为开。为报赠药之恩，宁猛力立即飞马前往桂州求见，令狐熙喜出望外，倒屣相迎。宁氏感动不已，动情地说：“罪臣此前冒犯虎威，令狐总管不计前嫌，宁某岂有不服之理？”

从此，宁猛力归顺隋朝，与令狐熙结为知己。

宁猛力归顺隋朝之后，广西南部以至西南部各溪峒首领皆俯首归附，隋朝兵不血刃便统一了骆越故郡。隋文帝为之大悦，遂授予宁猛力开府仪三司、安州刺史、宁寿县开国侯等荣誉和职位。

当时全国有四个地方叫安州，因为地名相同，给朝廷行政管理造成诸多不便。宁猛力权衡之后向令狐熙建议：将安州改为钦州，取钦顺之义。

令狐熙大喜，立即禀报朝廷，获得通过。

隋文帝很想见一见宁猛力，宁猛力对此颇感意外，也深受感动，却在即将进京之际染病，无法成行，随后溘然长逝。宁猛力临终前对儿子宁长真说：“我与大使为约，不可失信于国士。汝葬我讫，即宜上路。”

南征北战宁长真

宁长真代父进京朝圣。对于宁长真的归顺，隋文帝非常高兴，重赏之余，在开皇二十年（公元600年）恩准宁长真承袭钦州刺史职。

宁长真在担任刺史期间，经历了隋唐两朝的更迭，然而两朝都对他予以重用。与父辈相比，宁长真的经历更加风云变幻，他的视野也随其二十余载戎马生涯，跨越了钦州境，越发开阔辽远。

宁长真先是征战藩属之地林邑，也就是今越南南部。他率步兵、骑兵主力从陆路出击，其弟宁贙从水路出击。宁长真有勇有谋，设陷阱，破象阵，直接攻破林邑国，“获其庙主金人，污其宫室，刻石纪功而还”。面对敌军千条战船，以及险隘防御，宁贙率为数不多的水军战船背水而战，终获险胜。

林邑一战归来，恰逢隋炀帝发动高丽之战。宁长真马不停蹄，再率部落数千兵力征战辽东，取得不俗的战绩。战后，宁长真被封为鸿胪卿，授安抚大使，荣归岭南。

此后，宁氏部族的衰落，似乎是一种不可避免的命运。其割据势力的不断扩张，已经对唐王朝的大一统构成了威胁。

隋唐更替之际，宁长真先是归附于梁朝皇帝后人萧铣，受萧铣之命征讨周边不肯归附的武装力量，结果遭遇惨败。

唐初，李靖率军前来岭南讨伐萧铣。不愿再被萧铣玩弄的宁长真掉转枪口，配合李靖进击萧铣。战争结束后，宁长真派人谒见李靖，表示愿意归顺唐王朝。唐高祖便委派宁长真为钦州都督，任命他的侄子宁纯为廉州刺史，宁道明为南越州刺史。

但是，长治之下的宁氏家族逐渐有了新的欲望。公元 625 年，南越州刺史宁道明和高州酋帅冯暄、谈殿起戈反叛，宁长真和宁纯举兵增援。第二年，宁道明被州人杀害。同年，宁长真也走完兵戎一生，时年六十岁。

以武起家的宁氏家族渐渐淡出人们的视野，直到一位以文雄起的后辈出现。

“永昌老九”宁原悌

宁原悌是宁琚的儿子，廉州刺史宁纯之孙，是宁氏后代的另一座高峰。

历史长河悠悠，功罪任人评说。很多被胜利者改写的历史事实已湮没于尘世中，但当年“玄武门之变”的真相能流传至今，只因宁原悌冒死直笔记之。

唐载初元年（公元 689 年），放榜当日，洛阳城进士榜前万头攒动，人声鼎沸。一位来自南方偏远之地的士子考取了乙科第九，这成了洛阳城当天最轰动的新闻，人们对此感到不可思议。

这位上了洛阳城头条新闻的士子便是宁原悌，钦州进士第一人，人称“永昌老九”。

少年时，为了避免尘世纷扰，宁原悌在家乡郎济山陡峭的山腰石壁间，寻得一处小小山洞。洞外既有峭石如狼，蹲踞守护，又有石桥，桥上有两石人夹峙迎送。洞内是面积四五平方米的石室，石室中有天然石台、石凳，台凳石质莹润如玉，石面平滑如镜。宁原悌就在这半山石室住了下来，白天靠在石室迎光处研习；晚上点燃油膏灯或松油柴苦读。山中无尘杂，唯有“书卷多情似故人，晨昏忧乐每相亲”。

学习之余，宁原悌会走出石室，在洞外峭壁练习攀岩，既是放松调节，也是锻炼身体，更能磨炼意志和胆量。再走远一点，与这兀然峭立的石室相邻相望的数座青青山冈，山顶平缓舒展，绵延数里，似半空中铺开一条坦荡天路，景象开阔怡人。宁原悌常常在这岭岗上策马奔驰，练习骑术。天气晴好的时候，山下劳作的农夫一抬头，便会看到岭顶上，宁原悌驾马飞驰的身影迅若流星。从那以后，人们把那山冈叫作“驾马岭”。

高中进士后，宁原悌授秘书省校书郎，从编辑、校对、修撰史书等基层工作做起。尽管校书郎官阶仅九品，但这一职位对文学、经学造诣要求颇高，实际上是朝廷为培养人才而设立的重要岗位。许多担任此职务的人士都拥有光明灿烂的前程。因此，校书郎在大唐时期的选拔条件颇严，声望和地位也较高，备受世人推崇。

唐中宗神龙元年（公元 705 年），宁原悌升任谏议大夫，正五品。谏议大夫是朝廷中的重要职位，可以参加最高级别的政事会议，并在重大决策时向朝廷提出参考意见，甚至可以驳回皇帝明显不合理的诏书。因此，任职条

宁原悌塑像

件十分严格，需要正直忠贞的品格胆识、能言善辩的说话艺术、扎实的文学修养和史学储备，以及基层工作经历，能够体察百姓疾苦。宁原悌完全符合这些条件。在担任谏议大夫期间，他敢于据理力谏，深得中宗、睿宗皇帝的赏识。

景云元年（公元 710 年）十二月，为助天皇太后武则天的冥福，唐睿宗让西城、隆昌两位公主去做女道士，为她们建立华丽的道观。宁原悌认为此举劳民伤财，于是写奏章进谏，从前朝教训以及道家应重在清修等道理说起，力谏唐睿宗不要大兴土木做面子工程，并规劝他把先朝中宗皇帝一时宠信却一直留在宫廷的僧人全部遣散。唐睿宗看了奏章，夸宁原悌文章写得不错，暂时搁置了营建道观的事。次年三月，唐睿宗改封西城公主为金仙公主，隆昌公主为玉真公主，并以“公私无损”为由，由宰相窦怀贞亲自督工，为她们分别建造了金仙观和玉真观，此举强占了很多民宅，耗资数百万。

景云二年（公元 711 年）二月，唐睿宗命太子李隆基监国，代行部分皇帝职权。同时，任命宁原悌为太子洗马，做太子的掌教秘书，辅佐太子政事，教他文理。在此期间，宁原悌给太子上书（《上太子启》），议论“斜封官”（朝廷以非正式程序任命官员）的弊病，又因姚崇、宋璟被诬陷而外放，为二位宰相打抱不平。其见解精辟，太子很是欣赏。

公元 712 年，李隆基登基，是为唐玄宗。唐睿宗以太上皇身份，下《遣宣劳使诰》，任命宁原悌为岭南道宣劳使，派其赴岭南考察民意，同时给朝廷做做宣传工作。

开元八年（公元 720 年），唐玄宗让宁原悌在谏议大夫的岗位上兼修国史。封建王朝修本朝国史，是向臣民以及后世王朝宣告其治下的盛世景象和丰功伟绩，皇帝会亲自下诏以示重视，负责修史的官员是皇帝钦定的信得过的人选。史书修得是否合皇帝心意，关键在于立意和史料取舍。不出所料，当玄宗审阅所修史稿时，看到玄武门兵变的记载，神色瞬间晴转阴——唐太宗杀李建成、李元吉的事被原原本本地写进了史稿。但玄宗又不便发作，于是晓喻：“白马求卿，黄金赎罪，卿以为何如？”皇帝之所以赏赐黄金与官职，就是想让这段历史在史稿中消失，但宁原悌叩首回道：“周公诛管、蔡，季友鸩叔牙，虽太宗不得已之诛，亦隐、巢有以自取尔。”

宁原悌坚持原则追求真理，不看僧面也不看佛面，因此彻底得罪了唐玄宗。不久，宁原悌就以“忤旨”被罢免还乡。宁原悌回到钦江县原籍，恬淡从容，安度晚年。开元十六年（公元 728 年），宁原悌逝世，时年六十四岁。朝廷嘉其为官正直，乃诏发岭南五府兵给办丧事，隆重一时。

封建王朝对一个臣子的褒贬废用可以随心所欲，但历史和人民自有公正的评判。宁原悌这种敢于坦言诤谏、秉笔直书，不肯摧眉折腰事权贵的正直和勇气，更加赢得世人敬重，其名声“益震于天下”，成为家喻户晓的人物，被尊称为“谏议王”。

九千年前海鲜豪宴　钦州蚝乡源远流长

在钦州市钦南区犀牛脚镇丹寮村西约两公里的金鼓江中，有一个土墩，南北长约一百米，东西宽约八十米。涨潮时这里成为孤岛，退潮时四周是滩涂，可与陆地相连。土墩形状既像个倒扣的蚝壳，也像一片芭蕉叶，渔民们称它为芭蕉墩。

这个芭蕉墩可不一般。墩上有很厚而且坚硬的蚝、蚌堆积，考古专家实地考察，采集到很多人工打制的尖状石器，多是形状尖利的蚝凿。除此之外，还有砍砸器、刮削器，以及少量磨光的石斧、石球等。经鉴定，该遗址被确

芭蕉墩遗址

认为以渔猎为主要生活来源的新石器时代早期贝丘遗址，距今约九千年。可以想象，千年前，钦州的先人们曾在此处使用自制的工具敲、凿、撬，痛快地进食海鲜。

大蚝，学名近江牡蛎，是钦州四大名贵海产之一。钦州湾海岸线绵延五百二十多公里，水深浪静，是养殖大蚝的“天然牧场”。

从九千年前一直到近现代，采蚝大多以“氽水”方式。

氽水采蚝有如下地收菜，就是人搭在舢板上，漂浮于海面去采蚝。每当大蚝采收季节到来，各家各户驾着轻舟来到海里，把露出水面长在礁石块上的大蚝采下。而到深水处采大蚝，需几人搭档，一人屏气氽水到三五米深的水下，采摘礁石上的大蚝，其余人在船上接应。海中的礁石上长满了大蚝，氽水到水下就像进入菜园一样，一个人大约换四五口气才能采蚝一箩筐，这样的采蚝方式产量很低。1955 年，钦州沿海一带年氽水采蚝约两百吨。

钦州出产的大蚝体大肉嫩，皮薄味美，色泽乳白，肥嫩爽滑，有“海底牛奶”之美誉。钦州人善采蚝，也善吃蚝。采蚝完成后，将蚝壳撬开，取出蚝肉，

二十世纪七十年代，钦州渔民插蚝柱养蚝

随后将其放入大锅中进行烹煮，煮熟后捞出，并晾晒成蚝豉，最终制成生晒蚝。在加工熟蚝的过程中，还可以将得到的蚝汤进行提炼，生产出蚝油。沿海渔民喜用鲜蚝焖猪肉，用文火焖数小时，将大蚝里的汁都熬出来，汁浓肉筋，味道鲜美且颇有嚼头。还有一种白灼大蚝，配以自制的蚝油调味，也别有一番风味。

新中国成立后，钦州开始人工养殖大蚝。二十世纪五十年代，以石块、贝壳为主要附着器在天然产蚝区进行底层养殖。六十年代，以水泥柱为主要附着器进行滩涂养殖。这种养殖方式一直延续到八十年代，规模大的时候，面积达十万亩。但这种模式只改变了大蚝的生长方式，扩大了养殖面积，却没有改变它的生长环境，产量并不是很高。九十年代，在七十二泾开始浮筏吊养实验，大获成功，亩产达七吨。进入二十一世纪后，水泥片浮筏吊养很快代替了水泥柱浮筏吊养，亩产最高可达三十吨，是滩涂插养亩产的六倍多。

延伸阅读

钦州大蚝美名扬

钦州大蚝是钦州市四大名海产之一，肉可鲜食，亦可加工成蚝豉、蚝油。蚝肉蛋白质含量超过 40%，肉质鲜美、营养丰富、绿色健康，素有“海底牛奶”之称，同时还可入药。

钦州湾海岸线绵延 520 多公里，水深浪静，是养殖大蚝的天然渔场。钦江入海的茅尾海海域，非常适宜大蚝种苗繁育，这使钦州成为我国大蚝的主产区及苗种供应基地，培育的蚝苗产量占全国的 70%，所产大蚝是全程无投料无投药海上牧养的绿色产品，“中国大蚝之乡”名副其实。钦州大蚝 2011 年获得国家农产品地理标志保护登记；2016 年、2018 年均入选中国品牌价值榜，品牌价值为 45.48 亿元和 46.48 亿元；2017 年获得有机食品认证和“中国百强农产品区域公用品牌”称号；荣登 2018 年中国区域品牌（地理标志产品类）前 100 名排行榜，钦州市钦南区成为第二批中国特色农产品优势区。

钦州大蚝

大蚝美食

十里蚝排

炭烧大蚝

六百余载窑火犹旺　千年坭兴薪火传承

距钦州城区约二十五公里的东场镇是一个靠近海湾的小镇，大风江绕村流过，并最终汇入钦州湾海域。

距离东场镇西部约五公里处有一座小山丘叫潭池岭。潭池岭本来籍籍无名，却因一次文物普查有了惊人的发现而声名大噪。时光回溯到 1988 年，钦州市博物馆在钦州市钦南区东场镇开展文物普查工作时，发现潭池岭唐瓷遗址。潭池岭呈椭圆形，东西走向，面积约三十亩，紧邻江宽水深的大风江。在潭池岭上发现有大量瓷片和多处古窑址。从出土的瓷片来判断，器形有碗、盆、钵、缸、杯、壶等；材质多为白釉，也有弦纹黑陶；纹饰有波浪纹、几何纹、卷叶纹、莲瓣纹等。窑址内发现有成堆尚未出窑的盆、罐、钵的残品。

唐池岭遗址

隋唐实足瓷碗

经专家鉴定，这些均属隋唐时期的文化遗存。

由此可知，隋唐时期，在大风江畔的潭池岭上，瓷器生产得到大力发展，当地便捷的水路交通使得瓷器的运输变得十分方便。大风江、大观港和潭池岭，自古以来就是商业贸易繁荣的地域。

这个和瓷有关的小山岭，为什么一直沿用“潭池岭”的名字，而不是“唐瓷岭”？有关史学家推测，应该是因“潭池”与“唐瓷”的谐音而导致的误写。

钦江边上的古龙窑同样因江而兴，它见证了钦州坭兴陶从明代至今走向辉煌的历程。

龙窑是烧制陶器的土窑，最早见于战国时期。龙窑呈长形，依山势斜坡建造，以斜卧似龙而得名。龙窑以柴草作为燃料，借助自然通风的方式进行烧制。在烧制过程中，火焰从窑头点燃，顺着斜坡向上流动，从而使陶坯充分预热。随后，在火眼处逐级加入柴火，拉动气流，实现快速升温。

大风江（大观港）出海口

大风江古窑遗迹

钦江边的古龙窑和缸瓦窑村

古龙窑位于钦州市区钦江东岸滨江东路中段，西临钦江，窑头在南，窑尾在北，像一条长龙静卧钦江边。古龙窑窑体长八十二点二米，有火眼四十七对，窑门五个，按传统风格，依山势斜坡而建。而离此地仅八百米就是坭兴陶八姓人曾经生活、工作的水东缸瓦窑村。缸瓦窑村从开村至今，曾建有九座龙窑。据村民回忆，最早的龙窑建在今缸瓦沟北面三界庙旁，长约三十米；第二座龙窑建在沟南，长约三十米。后来又在不同地方建了五座，分别叫张屋窑、苏屋窑、颜屋窑、大窑和沙煲窑。此后在钦江边又建了两座龙窑。最长的一座有八十二点二米，即今存钦江古龙窑。

钦州龙窑的漫长历史，可上溯到明朝初年。

朱元璋建立明朝政权后，针对当时外匪倭寇频繁犯我海疆的状况，下令在辽东至广东的广大区域内，所有卫城、所城均须用烧制的城墙砖砌筑，以加强防卫能力。

钦州府便颁布公告，广招四方窑工能人。布告一出，即有横州永顺圩的张国泰、莫国麟、苏田董、刘昌贤、颜文秉五人应聘。这五人选择城东北临近钦江边一片既开阔平坦又有小岭岗丘的地方建置简易的家室，并邀同乡的卢、袁、王三姓缸瓦人加盟，先后建成六条龙窑，提前完成了烧砖任务。为表彰他们的功劳，州府决定将该地区划拨给他们作为居所。自此，他们开始烧制各类日常生活用品，如煲、盆、罐、缸、碗、碟等，这些产品受到老百姓的喜爱，生意日渐兴隆。

这个专门烧制“缸瓦”的村落，便被称作“缸瓦窑”村，此名字从明代一直沿用至今，窑火生生不息，已经有六百五十多年历史，堪称“火生六百载，焰接五千年”。

后人为了纪念祖先的开创基业，特地在窑址上设立“三界庙”，供奉“火头公、窑头公、土地公”，并形成了一种当地独特的信仰。作为传承祖先技艺的重要场所，六百多年来，每逢重要节日，缸瓦窑村的家家户户都会前来三界庙祭祀，香火一直不断。缸瓦窑村内有多处古老的窑炉遗址和历代遗留下来的制陶场所，以及特殊工具和特殊技法的遗存，其中，钦江古龙窑现已成为“坭兴陶千年传统烧制技艺保护传承基地”。现在钦江古龙窑烧制之前，也一样沿袭古例，按明时祭陶祖的仪式，在装窑之后、开火之前，供上三牲羹饭，上香祭祀“火头公、窑头公、土地公”，然后才能点火。

其实，早在隋唐时期，钦州制陶理念和工艺就已达到相当高的水平。民国《钦县县志》记述："我钦陶器，谅发明于唐以前，至唐而益精致。"

隋唐时期，钦州制陶产业迅速发展壮大。为便于产品运输，窑场主要分布在钦州城区及城郊沿江地带。钦江、大风江两岸窑场密布，各地客商争相采购陶器，并通过这两条江河运往全国各地。母鸡坑古窑遗址和唐池岭古窑遗址便是当时主要的窑场。到了宋代，钦州的制陶业仍延续前朝的兴盛，窑火熊熊烟接云霄。一艘艘满载陶器瓷器的船只从钦州湾起航，经过交趾（今越南），抵达东南亚各国乃至更远的地方进行贸易往来，船舶穿梭频繁，交易活跃而繁忙。

自明代缸瓦窑立村以来，从事烧窑的窑工们逐渐发现，钦州特有的红赭石泥和五花泥（俗称白胶泥）按照四成红石泥和六成五花泥的比例制作出的陶器品质最为优良。因为用泥的比例是四比六，所以这种陶器也被称为"四六瓦"。窑工们采取这种方法制作小型茶具、餐具及神器等，并套入大缸大罐中进行烧制，以提高龙窑的使用效率。

在清朝时期，钦州人胡老六独具匠心，创新采用"四六瓦"工艺制作烟枪吸嘴和烟斗，替代了金属和玉石材质，散发出古朴典雅的气息。胡老六因此大获成功，被誉为"坭兴胡"。随后，他进一步研发了墨砚、笔架、香炉、花盆等生活用品。这些陶器古朴幽雅，别具一格，深受民众的喜爱。中国名陶——钦州坭兴陶就这样脱颖而出并发展起来。

在胡老六之外，从事坭兴研制的名家还有潘允兴、尤醉芳、郑金声等人。

钦江古龙窑原貌

钦江古龙窑

二十世纪七十年代坭兴厂工人制陶

至清代同治年间，由于黄广益、胡国音、曾芳声、周泉声、姜湘纪、章秀声等人的参与，从事坭兴研制的人家增至二十三家。他们大都聚居于钦州城南鱼寮横街，建置坭兴生产作坊，并开设商店进行销售。当时所制作的烟斗，不但工艺精湛，而且品种繁多，诸如圆形斗、四方斗、六角斗、盒子斗、通花斗、螃蟹斗、龙珠斗等无所不有。特别是云水斗，吸烟时水汽若云、烟雾缭绕，堪称精品杰作。烟客们都以得一坭兴烟斗为满足，鱼寮横街的居民也为能制作出精妙绝伦的烟斗感到自豪，于是这条呈曲尺形的街道便获得一个不凡的名字——烟斗巷。

清光绪二十九年（公元 1903 年），李象辰来钦任知州。为了让更多的人掌握坭兴陶制作工艺，官府曾经开设“钦州坭兴习艺所”，制作“钦州官窑”，大大提高了坭兴陶产品质量，从此钦州坭兴陶驰名各省。凡来钦州做官经商者，大都喜欢购买坭兴产品寄赠亲友或带回原籍使用，这使得坭兴陶越发声名远扬。在晚清时期，钦州坭兴陶因其生产的精美耐用的烟具和较大型的陶瓶、洗食具、茶具和文房用具畅销东南亚各国而享誉国外。由此，一种以现代坭兴陶品质为特征的无釉还原陶烧制窑口类型——钦州窑应运而生。坭兴窑口甚至发展到了四十余家。民国以来，有人在广州、上海以及越南甚至南洋各国开设商店，使得多条“钦州街”在国内外出现，这些商店主要经营坭兴陶器，销路日益广泛。1915 年在美国旧金山举办的巴拿马太平洋万国博览会上，钦州选送一对猪胆形坭兴陶花瓶参展，并与贵州茅台酒一起荣获金奖。这次获

1915 年在美国旧金山巴拿马太平洋万国博览会获金奖的钦州坭兴猪胆形花瓶（仿制品）

奖让钦州坭兴陶在国际上获得了很高的声誉和知名度。

为了扩大生产，缸瓦窑村应势而变，依钦江边的坡地走势改建古龙窑。这是为了借助钦江水运的便捷优势，更有效地运输产品。直到现在，钦江古龙窑每年仍举行“千年坭兴陶古龙窑火祭大典”，祭窑火、承火种、传薪火以勉后辈，擂大鼓、跳岭头、唱山歌互相融合，热闹非凡。

钦江古龙窑见证了坭兴陶在明清时期的繁荣发展，记录了坭兴陶成为“中国四大名陶”的辉煌历程。

延伸阅读

我刀刻我心

——记坭兴陶刻大师刘明洲

谢勇云

美丽的钦江之滨，有一位七十九岁的老人，用了一个花甲的时间雕刻自己的一生。

性格独特的刘明洲是一位独特的书家。

他用于书写的工具不是笔，而是一把刻刀，传统的“点、横、竖、撇、捺、勾、挑、折”，变成“按、提、压、剔、挫、勒、驻、扭”。这些变化，不是通过椽笔尺宣任意挥洒，而是通过一个个蝇头小字，在一团揉好的泥上放大细妙之处的惊澜。这是一条前人未走过的路，刘明洲“单刀赴会”，就这么走了大半辈子并未回头，一如他的陶刻“单刀法”，从来没有回笔。

刘明洲，字柳之。柳是柳公权的柳。习字时各体均涉的刘明洲最终以柳楷为重，当然这不是取“柳之”为字的全部原因。在柳公权承传的《柳氏家训》中，德是根本，是柳家儒家风范之根源，柳公权也因性情耿直、敢于直言进谏为世人所崇。“用笔在心，心正则笔正。”柳公权的这句箴言，刘明洲小心地将它刻在自己的心里。

于是书外的刘明洲君子谦谦，朴素雅儒，淡泊隐忍，与世无争，并已臻化境，人间烟火于他眼前远去；而书内的刘明洲则端严尊重又师古不泥，刀刀入规入矩又见魂见魄，有一种通禅化仙的意味。老书法家朱颂卿敬他：“柳骨颜筋世仰欣，正心正笔是书魂。”刀法与人生，在他手里极少败笔，他已将两者糅合在一起，无法再分开。正如他自己所说，他好像是为了书法而生的，生是书家，死是书鬼，此外再无旁物。弄清楚了这些，你才能读懂刘明洲刀下的沟沟壑壑，那种蹲锋与按提之间劲挺的铮铮傲骨，法度森严却又瘦硬通神，如平静海面上涌起的微澜，乍出海而融朗；如深山溪流中溅起的浪花，忽飞天而光大。

我刀刻我心。当书法有了人格，人与刀锋便心形合一，再经浴火涅槃、窑变，这些几乎钢化了的文字，同样的钢化了人们对刘明洲文化品格的尊敬。

坭兴陶于刘明洲不能不说是一种缘，似乎是上天专门送给他的礼物。众所周知，书和刻是两道不同的工序，从甲骨刻字开始至今已有三千多年历史，书法家完成的书法作品由匠人进行碑刻或陶刻流传至今。如唐柳公权《玄秘塔碑》等，也只是匠人"二次创作"进行碑刻的赝品，真迹尚无觅处。这种脑与体的绝缘，明显不合常理，但存在了数千年。

在这尴尬的夹缝中，刘明洲背负着连他自己尚不知悉的使命翩翩走来了。

刘明洲自幼接受书法庭训，早年习二王，继而学欧、赵、颜、柳等，还涉及魏碑和近代、现当代书法，但最终以柳为托。由于在学校时已屡获书名，1951 年刚完成学业，钦县文化馆即吸收刘明洲入馆进行铁笔钢板刻字。这是

刘明洲坭兴雕刻作品

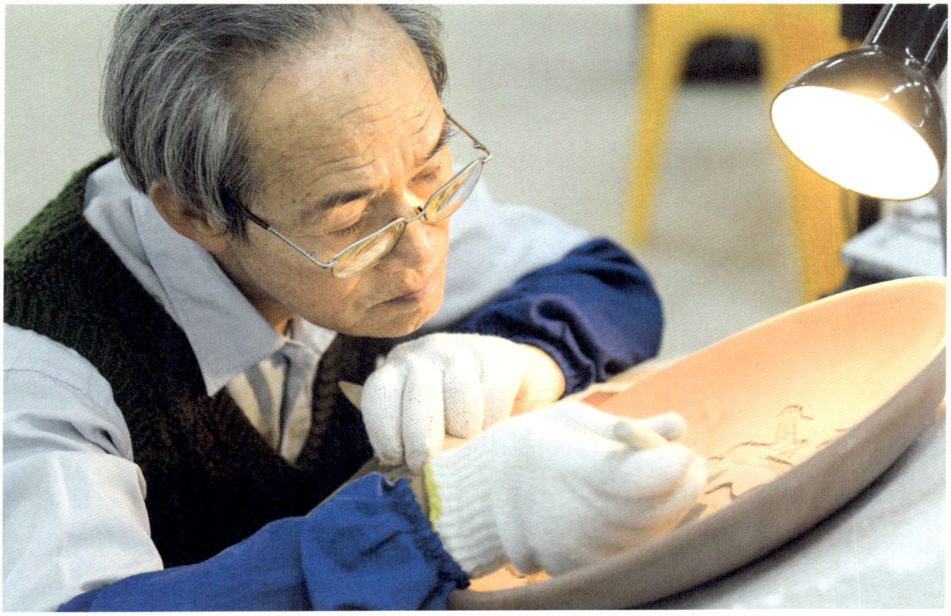

刘明洲在创作中

特殊年代的特殊产物，他一刻就是半个世纪。数十年在蜡纸上的舞蹈为当年的刘明洲赢来“铁笔书法中国一流”之美誉，也为日后的“单刀赴会”打通了任督二脉。

二十世纪八十年代，由于打字机、复印机、电脑渐次出现，铁笔钢板退出了历史舞台。在一片茫然之中，1988年钦州坭兴厂邀请刘明洲等本土书画名家在坭兴陶坯上雕刻。已是中国书法家协会会员的刘明洲兴奋之余又觉不安，用了两个小时在一个水杯和一个笔筒坭坯上，单刀刻上了两首娟秀的小楷体唐诗。也许是现场过于热闹，这颇有历史意义的“单刀法”处女秀，没有掌声没有鲜花，甚至没有引起旁观者关注。但刘明洲却发现了一个全新的天地。

中国有“四大名陶”——宜兴紫砂、钦州坭兴、四川荣昌、云南建水。怀着新梦想，刘明洲对这几种名陶的传统雕刻技术进行了实地考察。他发现建水陶与坭兴陶相似，但刻字过黏，宜兴陶较粗糙但是不能细刻及打磨，荣昌以及佛山陶结构疏松一般要上釉，也不适用“单刀法”，而钦州坭兴陶土光润柔和，硬而不脆，软而不松，滑而不黏，最宜刻字，大字可刻至五厘米，小字可刻三毫米且游刃有余，烧成的作品不易变形，字迹清晰，赏心悦目。

1992年春，已举家迁至广州居住的刘明洲不顾家人劝阻，毅然决然返乡，将余生悉数交给了梦想。此时刘明洲已是古稀之年，他写了一首自嘲诗："风雨飘摇七十秋，花甲未死有赚头。羊城不是享乐处，坭兴唤我回钦州。"

刘明洲的享乐处在钦江之畔白沙街寓所内那一小方桌上。刘明洲提刀凝绪，意灌于手中的陶坯，力发于心聚于腰，转之大臂传于小臂而运于腕，动于指端而形于刀尖，一笔而成绝无回复，形敛于内神飞于外。这一方水土的风情，甚至中国上下五千年的文明，就这么跃然陶上。

"单刀法"逐渐为世人所识，刘明洲的作品已是一壶难求。这种刀法犀利地划破了沉寂数千年的陶刻雾翳，可谓"一刀定乾坤"。但刘明洲的目光看得更长远，"单刀法"需要传承发扬光大，需要人才的储备过程，成事绝非一朝一夕。

早在"单刀法"开刀那天起，刘明洲就为坭兴陶刻规划了未来。他选择了最接近陶刻的硬笔书法，于同年组建钦州市硬笔书法学会，大规模培养后备人才。1989年，刘明洲牵头在钦州举办全国当代硬笔书法展，一鸣惊人。1991年又在钦州举办"全国北部湾杯硬笔书法大赛"，在当时的中国书坛引起轰动。截至目前，钦州已开设七所长期硬笔书法培训班，这在国内实属罕见。一代新人就这样被刘明洲培养起来并在大大小小的坭兴厂发光发热，"单刀法"后继有人，呈现出了蔚为大观的景象。

二十多年来，刘明洲出版毛笔、钢笔字帖达九种之多，皆在全国发行。他亲手创建了三个坭兴陶个人展览馆，馆内陈列着上千件他精心制作的陶艺作品。这些作品不仅是留给后人的珍贵艺术遗产，也是用于学术交流和研究的宝贵资料。他在钦州坭兴陶领域留下了不可替代的重重一刀。

"钦州桥畔紫烟腾，巧匠陶瓶写墨鹰。"随着坭兴陶产业的不断壮大，其商业价值也日益凸显。但任凭世事喧嚣，刘明洲仍然心无旁骛，刀光焰影中还是那么超然尘外，沉湎其中，心如止水。

斯人已逝，音容宛在。高山仰止，景行行止。

三头青牛牵出越州　世事沧桑一江南流

南朝宋泰始四年（公元 468 年），被宋明帝封为龙骧将军的陈伯绍，奉命带领西江兵为征讨刘恩道而驻守广东怀安，随后晋升为西江督护，并统率八路大军沿着南流江出海，执行交州平乱的任务。

来到今浦北县石埇镇坡子坪一带时，站在船头看风景的陈伯绍偶然发现岸上有两头青牛。他认为这个地方具有祥瑞之象，于是命令船只停泊，并派遣士兵进行追踪。然而，青牛消失在草丛中，再也寻不见了。陈伯绍便奏请宋明帝在此置越州。

此地是广州和交州交界处，是少数民族的聚居地，偏远闭塞，历来被统治者视为荒蛮之地。为了方便对广州和交州交界地域的管理，朝廷虽觉得有必要在此置一州，但直到三年后，宋明帝才批准设立越州，仍命交州刺史兼辖越州。《南齐书·州郡志》记载："越州，镇临漳郡，本合浦北界也。夷僚丛居，隐伏岩障，寇盗不宾，略无编户。"宋明帝之后，刘昱登基，并于

南流江

元徽二年（公元 474 年）准予介于广、交二州之间的越州自立门户，与广州、交州并列，同时任陈伯绍为越州刺史，负责交、越两州军事。

在坡子坪仰天窝矗立起来的这座越州城，又称“青牛城”。越州城整个平面呈“回”字形结构，布局很严谨，城墙环绕。古城占地面积约二十四万平方米，城周长两千零二十八米。北边地势高耸，形成天然的铜墙铁壁，北城墙就依山而建。南城墙顺着地势而建，比较平缓。残墙最高处达十四米，其余平均高约三米。城基最宽处达十六米，一般宽八九米，四周每百步筑一个“马面”。因是“回”字结构，所以城分内外城。外城南北长八百米，东西宽五百米，城外有沟。城内有城，也叫“官厅地”，或称子城。在城内地势较高处，可以俯瞰全城。整座内城有城墙与外城相隔，加上北面有壕沟险阻，可谓一夫当关万夫莫开，是个可防可守的城池。

越州初建时，所辖地区非常辽阔，包括百梁、陇苏、永宁、安昌、富昌、

南流江边的越州故城遗址位置

南流、临漳、合浦等地。到了南齐时，越州的辖区扩展至二十个郡，其辖地范围东至现在的茂名，南达雷州半岛，西接钦州，北至容县一带，从而成为与广州并列的州。越州相当于一级军事行政区，与广州分属军事中心和经济文化中心。越州城先后经历了南朝的宋、齐、梁、陈四个王朝，在隋朝中期逐渐没落，存世一百三十四年。

越州刺史陈伯绍画像

越州故城是我国目前保存较完整的古城址之一，被列入第七批全国重点文物保护单位。考古部门曾于二十世纪六十、七十年代分别对越州故城进行过两次大规模的挖掘。在挖掘过程中，发现了大量的南朝瓷片和铁器，同时，在城外附近还分布有南朝的古墓群。2019 年 10 月，广西文物保护与考古研究所、中山大学两家单位联合组成的考古队对越州故城遗址进行首次正式发掘。距今一千五百年的越州故城的神秘面纱被揭开。

今天的越州故城虽然已芳华褪尽，成为浦北县石埇镇坡子坪村旁的一片茂盛的庄稼地，但就在故城旁，一座占地约三十亩的中西合璧的庄园，仍在述说这段南流江的传奇。

庄园于 1937 年开始建设，历时十年才全部竣工。其建筑结构为对称三进，两厢旁列，屋顶覆盖琉璃瓦，墙采用水磨青砖砌筑，内设天井，并建有花圃。居室设计以西式为主，地面和楼棚均铺设了打蜡花砖，呈现出中西合璧的风格。庄园的主人名为香翰屏。

香翰屏曾历任广东第一集团军第二军军长、国民革命军第四路军副总司令、第九集团军副总司令等职，陆军中将加上将衔。在南流江南岸，距离坡子坪不到十公里的曲樟，是国民党上将陈铭枢的故乡。值得一提的是，香、陈两家还是姻亲表兄弟关系。短短一段南流江，却孕育出了两位国民党上将，也算是罕见之事。

越州故城出土的瓷器

越州故城遗迹

越州故城出土的琉璃珠

香翰屏九岁丧父，是太夫人含辛茹苦将他培养成人。他从小就胆略过人。二十岁那年，匪盗数百人掠劫坡子坪村。香翰屏在得知这一消息后，立即组织香氏族亲中数十名年轻人进行驱赶。尽管在人数上处于劣势，但他们却成功地将匪盗赶得七零八落。这一事件使得香翰屏名震一方。

1912 年，香翰屏离开家乡赴广州，专攻法政专业，并在此期间加入国民党。学成后在广东海防司令部任文职，在发现海军的发展环境并不适合自己后，转投陆军。他一路摸爬滚打，最终成长为掌有粤军实权的粤系二号人物。

作为国民党的著名将领，香翰屏的是非功过自有后人评说，但他的家国情怀是值得肯定的。2005 年，香翰屏被追授“中国人民抗日战争胜利 60 周年纪念勋章”。

香翰屏的草书书法造诣颇深，享有“儒将”及“半个书生”的雅称。他对家乡的教育事业表现出极高的关注，积极参与各种活动，并以身作则，带头捐款，大力倡导并发起创办了合浦县农业职业学校。该校的校址就设在他的家乡石埇附近的张黄镇。在他的积极推动下，众多在广州的同乡纷纷慷慨解囊，捐出白银两万两，用于兴建北海市立女子小学的礼堂、教室以及教师宿舍等设施。

在 1929 年，香翰屏获悉合浦（包括当时属于合浦的浦北）的许多学生在广东求学过程中因病和贫困而辍学，对此他深感痛心。他先是委托家乡乡绅发动募捐，并联络二十四位合浦籍留省名人发起募捐，共有三百七十三人捐得大银三万二千六百余元。在廉州孔庙张榜褒扬后，用捐款购得越秀山麓的一幢两间并连成三铺面的三层裙楼，将原合浦留省学会改名为广州合浦学会。合浦赴广州求学的学生从此再无因贫因病而辍学者，很多学生由此走上成才之路。

香翰屏故居

香翰屏将军

1931 年，作为广东第一集团军第二军军长，香翰屏发表了“驳斥蒋中正之要电”，斥蒋“为国人所共弃久矣”，“用心虽工，而计亦拙矣”，“吾国民固有之道德，将被彼一人断送以尽矣……”在 1934 年，香翰屏向陈济棠提出了整顿官场、修明政治、逐步禁烟禁赌的建议，以消除民害。然而，尽管香翰屏多次劝告，但陈济棠并没有采取任何行动来改善官场和政治环境。于是，香翰屏便以“识浅量狭”为由，提出辞去本兼各职，回乡“休养”近两年。他的坡子坪庄园就是在他休养期间扩建的。

1937 年抗日战争全面爆发后，香翰屏任第九集团军代总司令、副总司令，率部参加抗战史上规模最大、战斗最惨烈的淞沪会战。当时他为鼓励钦廉青年抗日，写下了《为合浦健儿请缨杀敌壮行》诗，其中有云：“三廉英杰数刘冯，保卫家邦建伟功。桑梓奇男欣踵武，此行端不愧英雄。”淞沪会战后，香翰屏回粤复任第四路军副总司令，组织训练民团，活跃在惠阳一带的日军

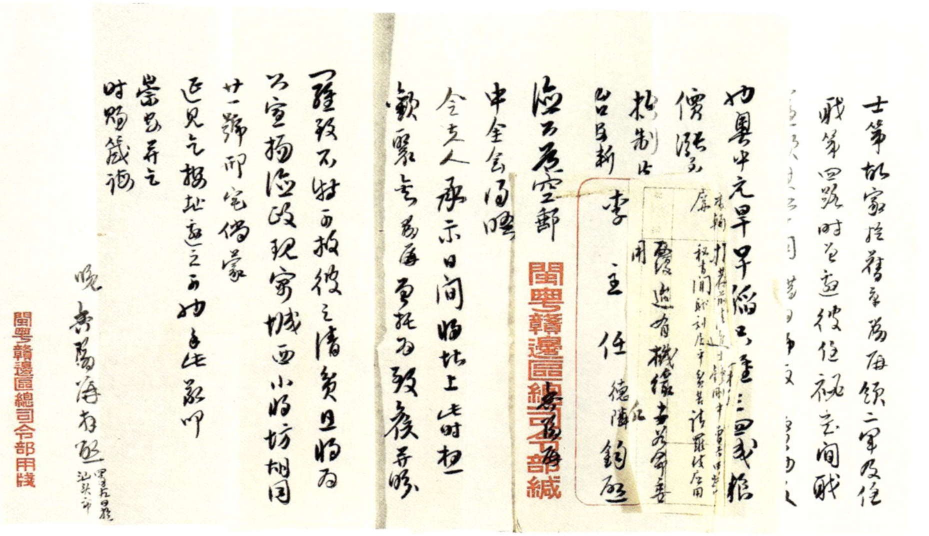
閩粵贛邊區總司令部緘
閩粵贛邊區總司令部用箋

香翰屏致李宗仁信札

后方，领导人民群众开展游击战，抗日自卫、保家卫国。1939 年，香翰屏改任第九集团军副总司令兼第四战区挺进纵队东江指挥所主任，在东江地区有力地拖住侵粤日军，使日军如陷泥潭不能自拔。蒋介石见识到这支部队战斗力强，遂于 1940 年将这支部队改编为国民党正规军，以加强控制，同时调香翰屏任闽粤赣边区上将总司令，协调三省兵力部署作战和负责叛军的反正工作，直至抗日战争结束。1949 年，全国解放在即，香翰屏举家移居香港转向经商。1978 年，香翰屏在香港病逝，享年八十九岁。

香翰屏共有四位妻妾，共生有十二名子女。这些后代中人才济济，遍布世界各地，香灼玑是其中的佼佼者。

香灼玑不仅是民国代总统李宗仁的孙女婿，香港前特首曾荫权的表哥，还是香港公民教育之父，水平高超的建筑大师，德艺双馨的书法家，世界华人的杰出代表，曾获香港特区政府颁授银紫荆勋章。他重桑梓之情，尤其关心内地发展。2004 年，他策划制作的《心系家国》电视宣传片在香港广为播放，这是香港首部以国歌为主题制作而成的国民教育电视宣传短片。该片以形象生动的手法表达了中华儿女一脉相承、血浓于水的感情，激发了香港市民的家国情怀，使他们深刻体会到了内地与香港之间生死相依的紧密关系。

2000 年，香灼玑先生出席在香港举办的钦州市临海工业项目推介会

安远垒起千年古城　一墙看尽宋元明清

在2020年，在钦州一马路路段的危房拆除过程中，施工人员意外触及一段古城墙，他们对此感到十分惊讶，并立即上报。根据现场观察和初步勘查，钦州市的有关专家认为该段城墙具有非凡的价值，立即向上级报告了这一情况。经过进一步的勘察和分析，他们发现这段城墙先后经历了宋、元、明、清四个朝代的建设和修补，留下了丰富的历史痕迹。这段城墙可谓一面历史

钦州古城墙遗址

的镜子，见证了钦州在宋、元、明、清各个时期的发展和变迁。

军事推官迁州城

现在的钦州城始建于宋天圣元年（公元 1023 年）。当时，灵山旧州南宾砦地势高峻，林木茂密，气候闷热，易引发瘟疫。福建建安人徐的任军事推官，为了改善这一状况，他向转运使郑天益提出将钦州州署从灵山旧州迁移至安远县治南边一片临江的开阔地带。

郑天益向朝廷报告并获得批准，朝廷明确指示由徐的负责迁移城市的相关事宜。徐氏二话不说，迅速组织人手进行多次勘察，绘制图纸，亲自规划土地，并亲自参与建设，成为名副其实的“包工头”。

鉴于安远地处南疆边陲，易受外敌突破，因此徐的筑城挖池，修建侦察及防御高台，以做好战守准备。他还广泛听取老百姓的意见，在城内规划了州府堂舍、仓库，修民宅，建市场，开店铺，铺道路，挖沟渠，凿水井，尽可能方便人民群众的日常生活。他身穿短衣，手持锹锄和木棒，与役夫们一起辛勤劳动。他的皮肤被晒黑了，双手布满了厚厚的老茧。老百姓看到他们的父母官事事亲力亲为，没有老爷架子，都被深深打动了。他们铆足了劲，投入新城的建设中，最终提前完成了筑城的任务。

徐的的精心规划对钦州城的后续建设产生了深远的影响。宋元丰四年（公元 1081 年）六月，钦州遭遇雷电引发火灾，城中房屋被烧毁。当时的州官仍根据徐的所绘的城池图纸进行重建。明清时期，州府修葺、扩建城墙房舍均在徐的所建州城的基础上进行。

钦州城的初始形制和范围如今已经难以确定，但根据目前所能找到的文字考证，可以确定的方位大致如下：东起现在的广州会馆后面的白沙街，西至一马路（原市广播电视大楼），南至一马路（原邮电局宿舍一带），北至金湾大酒店的贵宾楼。城池呈椭圆形，城垛呈尖牙形，因此又称“狗牙城”。

茶酒知州添诗意

宋嘉祐七年（公元 1062 年）春天，有“武可上马安天下，文可提笔定乾坤”之美誉，爱茶爱酒爱百姓的陶弼走马上任，出任钦州知州。对钦州百姓而言，这不仅是一次幸事，而且是迎来了一位“知音”。从此，钦江两岸青山碧水，因为陶弼的到来被注入了诗意和灵魂。

陶知州的确不是等闲之辈，他身上有着传奇色彩。宋大中祥符九年（公元 1016 年），陶弼出生于湖南永州祁阳欧家村。他是东晋名将陶侃、东晋大诗人陶潜的远孙，北宋文学家、史学家陶岳的儿子，其文韬武略颇有先人遗风。

陶弼天资聪颖，既精通兵法，又有深厚的文化修为，堪称“左诗书，右孙吴”的文武全才。然而，陶弼在科举考试中并未遇到赏识其才华的伯乐，只好回到家乡，教授门徒并以此为生，同时尽心奉养母亲，过了几年平淡日子。庆历六年（公元 1046 年），桂阳瑶民起事，负责征讨的提点刑狱杨畋备下厚礼慕名登门，恳请陶弼相助。陶弼欣然应允，出山协助杨畋。在他们的共同努力下，叛乱被平定。陶弼的首战便立了军功，展现出他的才华和实力。庆历八年（公元 1048 年），他被调任为阳朔主簿。

陶弼为官三十年，其中有二十三年与广西结下了不解之缘。

当时的广南西路，地处西南边陲，民族错杂，变乱频繁，经济文化落后。陶弼外抗入侵，内安变乱，抗洪赈灾，修浚河渠，教化民众，发展生产，在守边维稳中展示了卓越的军事和政治才能。

嘉祐七年（公元 1062 年），陶弼来到钦州出任知州。三年任上，他安抚少数民族，修葺破旧州城，疏浚护城河道，兴办学校，编修州志；他记录钦州生活，为这座边陲小城写诗作赋。陶弼初到钦州做的第一件大事便是修建

陶弼画像

钦州新城。当时钦州的百姓居住条件十分恶劣，所住的茅草屋简陋且不安全。每遇刮风下雨，茅草乱飞，房屋漏水甚至倒塌，威胁到了百姓们的人身安全。陶知州目睹了州城的破旧面貌，深感痛心。他坐不住了，亲自上阵搞起了“安居工程”。他挽起裤腿，捋起衣袖，深入到老百姓中去，亲自教授他们如何利用当地的陶土资源来打制砖瓦。钦江两岸地区拥有大量黏土，为建筑提供了充足的材料。老百姓们既对住上坚固、美观的房屋充满了热切的渴望，也拥有充足的劳动力。在陶知州的带领下，不到一年时间，钦州城已经瓦屋井然，“堂堂多大厦”，展现出了宏大的气魄，吸引了广西其他州县的人慕名前来。

百姓安居后，陶知州又搞起了“美化工程”。他在州城四围护城壕中筑起堤坝，把城壕按东西南北中方位分成五大块，贮水成为“五湖”，还建起了五湖亭。而且，他还为每个湖赋诗一首，以抒发对湖光山色环抱中的州城的赞美之情。远峰近树、月下寺影、小桥春雨、江海听潮，此处美景不是江南胜似江南。“五湖”诗的每一首，起句都是“宁越佳山水”，由此可见，陶知州对钦州五湖风光的得意之情、喜爱之心，溢于言表。所谓“子非鱼，安知鱼之乐？”陶知州把别人觉得乏味的边城生活过成了诗。

五湖亭外，他在钦州还建有天涯亭、三山亭、潮月亭、野香亭和直钓亭。

诗人的眼里，山川风物无不可爱。当年钦江水中有三块巨石伫立，在流水经年累月地冲刷下，巨石平滑，可坐可卧。公务闲暇，陶弼喜欢带上酒水、茶叶，到石上垂钓吟咏。吟石在古城东门外江中，石下有石窟，水流冲击石窟，江声阵阵，像击鼓鸣钟，陶弼常在这里听江涛、眺望江帆远影，怀念家乡。钓石在濠坝街妈祖庙前江中，陶弼常在那里垂钓肥美江鱼。醉石在振民桥下江中（即今河堤二马路口附近），陶弼每每携壶樽于其上，以钦江春风秋月下酒，一醉方休。陶弼为三石各赋诗一首：“守边无一事，江上得闲吟”；“守边无一事，坐石钓东桥”；“守边无一事，载酒翠崖东”。任上做了那么多工作，守边岂会“无一事”呢？不过是陶知州生性豁达洒脱，“朋友圈”不炫耀成绩，只展示生活状态而已。陶弼还曾去灵山寻幽探胜，见六峰山下石洞如室，石乳滴垂，有如璎珞，岩洞藤蔓缠绕，岩石螺蚌壳痕累累可见，便赋诗感慨沧海桑田之变，将此处胜景命名为“三海岩”。此后历朝历代的文人墨客听闻三海岩胜迹，竞相到此一游，题字留名，如今洞内遍布岩壁的摩崖石刻多达百余方。这些千万年来寂然存在于天地间的自然风物，经由陶弼的吟咏点染，此等僻远蛮荒化作了天涯诗意，既生动又充满了灵气。

陶弼主建的钦江东岸五湖亭于二十世纪五十年代被拆除

陶弼首建的天涯亭三次迁建，史称“宋迹三迁”

陶弼经常在此垂钓的钓石

岁月流逝，陶弼兴建、吟咏和命名的景观风物很多已不复存在。五湖中仅现今中山公园里的南湖仍在延续其前身。众多的亭台楼阁也仅有天涯亭在三迁其址之后，从最初的平南古渡头来到南湖边的龙墩上，与南湖相依相守。二十世纪五十年代，五湖亭最终还是遗憾地被拆毁了。

后人为纪念陶弼，曾取其《吟石》《钓石》《醉石》三首诗中之石，作为钦州古八景之一，命名为“三石吐奇”。民国二十年（公元 1931 年），时任《钦州志》总编纂林绳武先生曾分别刻石名于钓石、醉石上，因吟石无法寻觅，就把“吟石”二字刻在城东门外崇宁寺的大石上作为代替。新中国成立后，由于钦江沙船多在河堤二马路口卸沙，醉石严重影响了航道安全，最终被炸掉。因同样的原因，钓石也差点被炸掉，现石上的一排凿洞就是当时准备用来填塞炸药的爆破孔。后不知何故放弃，钓石保留了下来。如今只有在秋冬季或干旱季节海潮下降时，钓石才会水落石出，让人偶尔一窥真容。

世事沧桑物已非，但陶弼抒写的天涯诗意，已融入钦江流水，融入钦州历史，滋润着这方天涯沃土。

千年城墙惜湮灭

有明一代，钦州城经历了十五次的增建、扩建和改建，最终基本定型。据明嘉靖《钦州志》记载，明洪武二十八年（公元 1395 年），钦州城的规模有所扩大，周长六百九十四丈五，高二丈四，厚二丈五，设东门（在今水塔附近）、南门（在今一马路百货商店）、西门（在今旧市委大院水产局附近）。东门称“朝阳”，南门称“观海”，西门称“镇远”。城垛牙状，上设门楼、串楼、敌楼，城外遍植簕竹。天启七年（公元 1627 年），“修城垣，浚壕池，筑鸿飞洲（今沙尾街）坝基，堵水环绕州城”，“城之东门有平安桥，跨游鱼洲（即鸿飞洲），西门有西平桥直通西门岭，东西两门各置兵营马房”。

到了明末清初，随着人口增多，居民逐步建成沙尾街、白沙街、竹栏街、占鳌街和攀桂街等。据清道光《钦州志》记载，钦州城周长六百丈，厚二丈，高二丈二。东南城楼各一，城齿垛二十个，堑壕周长八百二十六丈，阔二十七丈。东门、西门增设月城（护门城），上设敌楼。清末，城墙倾塌，城壕淤没，间有修葺，但日趋败落。如今一至五马路的称谓是相对城外区域来说的。

钦州城墙遭遇毁灭性破坏是在 1939 年。当时，尽管城垣尚存，但仅开东门和南门两个出入口，城垛和城楼已被野草所覆盖。那年日军从龙门港登陆，

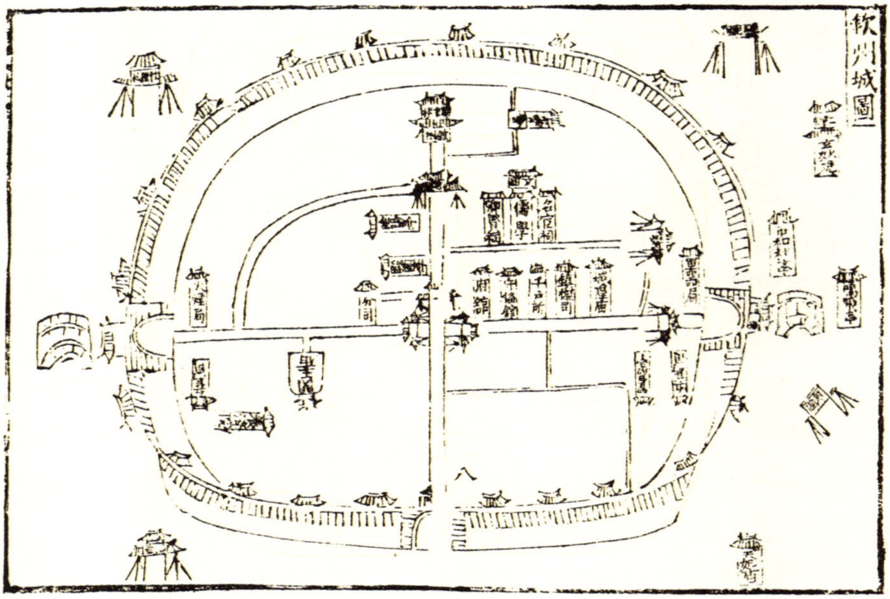

明嘉靖《钦州志》中的钦州城图

目标是侵占钦州。时任县长王公宪奉命拆除钦县城墙，理由是日军不仅从陆上进攻钦州，而且轰炸机亦对钦城进行大规模轰炸。狭窄的城门成为居民逃难的障碍，且对部队作战也十分不利。有鉴于此，当局采用了一种不智之举，即以“谁拆归谁”的方式激励居民拆城。最终的结果是，经历千年风雨的钦州古城墙从此消失。

近年来，拆除一马路河堤转弯处老旧危房的过程中，曾发现当年古城墙的青砖。位于竹栏街与城内街东门交会处，可见高耸的墙基，左侧则留有防空洞的遗迹。这座古城墙的东门，亦即城内街通往中山路的斜坡，沿竹栏街下行，所见房屋皆因循古城墙而建。考古人员还发现了古城墙的主体部分，该墙体分为两段，时间涵盖了宋代、明代和民国三个时期。在挖掘过程中，还出土了一些历史文物，主要包括陶片、瓷片、砖和瓦等。其中，陶片以灰陶为主，瓷片则以白瓷为主。砖的种类亦多，包括手印砖和带字砖等。目前，该址建成“钦州宋城墙遗址公园”。

1930 年中山公园旧照中，左边仍可见狗牙状城墙

钦州古城一马路旧城墙遗址

宋代钦州古城城址今貌

宋城墙遗址公园

烟火缭绕，一江烟雨度日月，
青砖瓦房，两岸青山相对出。

一段古城墙，见证了钦州安远建城的历史，是探索钦州历史文化不可或缺的重要部分。

伏波将军南征交趾　四条铜柱彰显严威

2009 年 5 月，钦州市博物馆文物普查组在犀牛脚镇西坑村进行文物普查时，发现一条残存的人工挖掘河道遗址。

这条古运河位于犀牛脚镇西坑村龙眼山的南面。考古人员发现，河道两边杂草丛生，长满了密密麻麻的荆棘、灌木，河壁上有明显的人工开凿痕迹。运河长约两千五百米，宽四五米，东段接九河渡大风江（大观港），呈西南走向，过龙眼山村南约两公里后，可以直接出海通达钦州湾七十二泾海域。

《钦州志》上亦有古运河的记载：“九河渡，在州东之岭门村侧，距城

西坑古运河——马援在乌雷附近开凿的运粮遗道

一百一十五里，东通大观港，西达龙门，旧传明季海寇杨二，盘为剽劫之所，或曰伏波征交趾时，疏为运粮道。”

伏波将军马援像

在古运河附近的村庄流传着这样一个传说：明末清初，抗清农民军首领杨二被清兵包围于九河渡。为了突围和补充军粮等，他带领部下夜以继日挖了一条运河，沟通了九河渡和西坑江的航道，从而从九河渡成功逃脱。

有关专家认为，从运河走向和长度形状上看，该运河应该是东汉马援运粮时，为躲避三娘湾风浪和海盗袭击而开凿的，后因各种原因而废弃。至于明末清初抗清农民军首领杨二挖通运河之说缺少史料依据。

广西地区鲜有发现古运河遗址，而汉代运河，尤其是沟通江海之间的运河遗址，在中国全境也属罕见。

这一段古运河让人忆起汉代伏波将军马援一段声势浩大的南征往事。

马援出生于公元前 14 年，扶风茂陵（今陕西省扶风县）人，崛起于两汉交替，辉煌于东汉初期，对东汉的大一统和边疆稳定以及传播中原文明发挥了巨大作用，功勋卓著。

“伏波”即船涉江海、伏息波涛之意。两汉王朝曾封授过两位伏波将军，一是西汉路博德，另一是东汉马援。后续历朝历代虽也陆续册封了多位伏波将军，但世人普遍认为马援才配得上“伏波将军”的荣誉称号。因为人们提及伏波将军时，往往只会想到东汉时期的马援。

公元 40 年，南疆风云卷动了大汉战船的征帆，威望至高的一代战神马援因此在岭南、在钦州留下了生动鲜明的历史印记。当年，交趾郡（今越南北部）女子征侧、征贰姐妹起兵反汉，九真、日南和合浦等六十余座城池陷落，各地郡守纷纷逃亡内避，南方一时大乱。征侧志得意满，自立为王，封征贰为大将军。“二征”叛乱的消息传到洛阳城，朝野为之震动。天下正当太平之时，岂容叛贼公然造反，割据一方。公元 41 年，汉光武帝刘秀的玺印加封诏令，飞速传给千里之外刚刚在安徽平定皖城叛乱的马援，授他为伏波将军，命其率军两万前往征讨，平息南疆这一波狂风恶浪。

时年五十六岁的马援奉诏出征。征途千万里，而岭南气候溽热又多变，若选择陆路行进，可能会因恶劣的自然环境致使人马疲惫不堪，甚至在抵达交趾之前便已军心涣散。因此，马援审慎地选择了走水路。他率领军队乘坐着当时世界上最先进的战船——像高楼矗立水面一样气势宏伟的楼船，经长江、珠江一路向南，至合浦境内溯北流江，开通“桂门关”，循南流江直下，浩浩荡荡驶向大海，再沿海岸一路向南。在“独遗群山，亘出大海而近交趾”的北部湾畔第一峰乌雷岭附近，马援的楼船水师停船驻泊。此处风高浪急，大汉后勤部队自福建运送粮食至此，屡遭狂风恶浪，船只时常翻覆，损失惨重。乌雷岭下，马援一边驻军修缮船只，精选水手，整训军队；一边率领军民，沿白布峰腰地开凿大风江口至七十二泾的运河作为运粮通道，以避开乌雷岭半岛外的风浪。白布峰运河长七八里，阔六丈，可以说是钦州最早的交通基础设施。该运河的开通，极大地便利了合浦到钦州的水路交通往来。从合浦出海，驶船到西场海面进入大风江，途经白布峰运河过龙门，最后经过北仑河，即可抵达越南。这条航线后来成为古代海上丝绸之路的一部分。自马援南征交趾起，钦州乌雷岭便成为历代军事要塞及海上丝绸之路的重要节点。此后，越南历代贡使取道钦州进入中国，乌雷岭成为必经之地。

乌雷整训后，马援率军缘海而进，依山随水开道千余里，以锐不可当之势直抵浪泊（今越南河内市西北）。据说“二征”姐妹身材高大，力大骁悍，刀枪娴熟，自命不凡。闻知王师已至，立马点兵迎战，所率蛮众虽剽悍好斗，但毕竟不识用兵打仗之法，遇上沙场老将百战雄师，两军交锋不过两三个时辰，便溃如散沙败若山倒。“二征”弃城夜遁，逃入四面环山、幽深险远的金溪穴躲藏。马援率部挟得胜之威，乘破竹之势，收降叛军万余人，然后穷追猛打至金溪穴，在瘴气弥漫的深山老林中将“二征”及其残部围困月余，直至全部歼灭。“二征”传首洛阳，朝廷大喜。

叛乱平息后，马援立下四根铜柱，标记大汉疆界的陆上南极：一根在钦州之西三百里分茅岭，为东界；一根在凭祥州，为南界；一根在林邑（今越南南部顺化）北，为海界；一根在林邑南，为山界。铜柱铭刻：“铜柱折，交趾灭。”

两千年前的北部湾波涛和边界铜柱，见证了“战神”马援将军的赫赫功勋。

东汉建武二十年（公元 44 年）秋，马援历经三载征战，终于为大汉帝国换来了南方的平静与稳定，他班师回朝。

马援深知，平叛的终极目标并非杀戮，而是追求民生安稳。因此，大军所到之处，对收服的叛军以及当地百姓，都教授他们铁器牛耕、凿渠灌溉等农业技术。同时，他还修建城郭，参照汉律修订法律来治理郡县，并留下戍守兵将，将中原先进的农耕文明融入岭南的早期开发。这些举措促进了当地经济的发展，给后世带来数年的安定和平。

马援将军的性格温厚善良，他曾致信侄子，强调背后议论他人长短、胡乱评议朝政是不道德的行为，对此他深恶痛绝，并希望侄子们能够引以为戒；同时，他也像许多长辈一样，语重心长地告诫家中子弟要敦厚诚实、谦约节俭，切勿好高骛远，以免适得其反。

正是凭借这种既激情热血又温厚质朴的独特精神气质，马援在南征交趾的过程中，开创性地开展了许多安民利民的工作，因此被岭南民众深深地感恩并奉为神明。

建于乌雷岭上的伏波庙

在普通老百姓中，特别是在岭南民间，人们更喜欢用淳朴又接地气的方式去纪念和亲近伏波将军。马援南征交趾路过的地方，民众会自发地为他树立庙宇，以表达对他的敬仰和纪念。此外，民间自发的伏波纪念活动热闹而喜庆，得到了大众的广泛喜爱和参与。如今在钦州，每逢二月十八日伏波诞辰，以及春节、元宵节、社日、中元节、中秋节等传统节日，犀牛脚、康熙岭等沿海乡镇村庄会举办世代相传的伏波庙会，舞南狮、舞游龙、踩高跷、唱大戏，锣鼓喧天，热闹非凡。即便民间“封神”，“伏波将军”依然保持着亲民的形象。在欢天喜地的乡间“游神”仪式上，他随和地融入民众，大家爱抬他去哪他就去哪，大家喜欢带他看啥他就看啥。

两千年来，马援的英雄浩气持续不断地灌入我们的民族血脉。“大丈夫立志，穷当益坚，老当益壮”，“男儿当死于边野，以马革裹尸还葬”，都是马援将军留给后人的精神力量，在变幻的历史风云中不知沸腾了多少仁人志士的热血。

延伸阅读

社日祈福伏波庙

李恋华

“箫鼓追随春社近，衣冠简朴古风存。”二月二春社日，乡村里热闹不已。

社日，是土地神诞日，也是人们祭拜土地神的日子，它是我国古老的传统节日，源自远古时代。古人认为土地为人类的生产生活提供了一切的物质条件，主管农作物的丰收、人畜的安康，因而备受人类的敬仰，被尊为神，自然就成了人们的膜拜对象。于是村村敬立土地神社，终年四节供奉香火，以社日为最。社日祭祀，乡邻集结，聚会于社，焚香烧烛，敬以美食，祭以美酒，虔诚祭拜，祝以良愿，祈求人人安康好运，事业兴旺发达。这是人们对土地的敬畏和感恩最直接的表达。

可是，在钦州市钦南区犀牛脚镇，社日祭祀却有独特仪式——先拜乌雷伏波庙，再祭村中土地神。在当地人心中，土地神固然需祭拜，但伏波将军马援挥师南下平交趾的壮举更应让人敬佩。保家卫国，守护家园，保一方平安的英雄，才是人民真正的保护神，是最值得我们顶礼膜拜的，所以伏波庙是二月二里最热闹的地方。

按例，八大乡村以村为单位，共同祭拜伏波庙，再各自祭拜村社。各村先推选三五人做理事“社头”，组织策划本村的“拜社”事宜，“社头”协商分工。二月初一，采购香烛纸宝，糖果饼干，茶酒炮仗。晚饭后，杀猪宰鸡，准备祭品。

场面宏大的钦州伏波庙会

伏波庙会

天色渐深时人员汇集，舞狮队或八音队排练等待分配工作，各尽其能，各司其职，等候吉时前去伏波庙。

吉时一到，八音齐奏，锣鼓响起，点睛醒狮，去拜庙！车子鱼贯而行，锣鼓声、欢笑声、马达声声声交汇，灯光闪亮，如条条火龙蜿蜒游向伏波庙。

快开疾行赶到伏波庙，想抢个头彩。可别急，前人已规定了八大乡村祭拜排序，轮流主祭插头香，八年轮回，不许逾序。到达伏波庙，众人忙而不乱地抬猪、捧三牲、提果品、端茶酒按序置于案台。庙前庭院狮子摆好阵势随时而动。村民们或是两人一对，或是三五成群在闲话家长里短，分享喜悦，畅聊未来，人人说话都比平时轻声客气，不敢出半句粗暴言辞，亦不讲不吉利的话，一切变得比平时慎重，以免有亵渎神灵之嫌。这样静静地等待初二凌晨的到来。

二月二社日吉时到！伏波庙热闹到了沸点。霎时齐奏八音，锣鼓喧天，雄狮欢腾、跳跃、人们蜂拥而行，鱼贯而入。说庙内人山人海为过，讲接踵比肩最恰，神台烛光闪烁，香火晃动，香烟袅袅，人人双手持香，许愿伏波，敬献高香。

负责主祭的庙祝喊祝词引导村民上供跪拜：二月初二吉日时，我村村民拜伏波，全猪三牲供品多，斟满五酒添三茶。风调雨顺时时好，五谷丰登六畜旺；四海通达鱼满舱，事业兴旺发财多；感谢将军多护佑，岁月静好人安康。

礼成，鞭炮齐鸣，响彻夜空。礼毕，各回各村祭拜土地神。一拨祭罢又接一拨，如此轮番祭拜一直从凌晨延续至中午。路上来往者，皆是朝拜人，有恩爱两口子，或是和谐一家人，亦见伛偻提携，络绎不绝者都是来祭拜感恩祈福于伏波将军的。

拜过社庙的三牲祭品被尊称为社肉。拜完社庙就可以把猪肉及上供的饼干果子平均分份了。先把猪肉按名分切块，骨头和下水剁碎、切细，均匀分配，兼顾肥瘦搭配，做到样样俱全。每户都领到一份难得且珍贵的社肉。不过前辈又立下个不成文的且必须遵循的规矩：猪头、猪尾定要分给年长者，祝老人健康长寿。

二月二晚上，社肉就成了社日晚餐的标配。以社肉为君，鸡、鱼为臣的丰盛晚餐，是家人团聚的喜乐宴。

社日的热闹是一整天的，看社戏又是社日热闹的另一个沸点，如果说“拜社”是大众的庆事，那晚上的社戏则是妇孺专属。社戏所唱的都是民间喜闻乐见的采茶戏，是活动的民间故事。剧目均是人们耳熟能详的如《陈世美》《玉葵宝扇》《高文举》等，但社戏一般都唱两晚，甚至七夜，好让大家乐几天。

犀牛脚人以此表达伏波情结，其历史悠久，保存了传统的民俗文化，是以伏波庙为载体经过长期的历史嬗变演绎成今天大众喜爱的祭祀仪式，并形成一系列的伏波文化。此民俗在沿海一直沿袭至今，绵延久远。

当年伏波将军沿丝绸航线保国土，今天重走海上丝绸之路是谋发展图强大。人民将永远弘扬伏波精神，励志竭精，建设美好家园。

岳飞之子沦落天涯　留诗石刻别有洞天

三海岩位于灵山县六峰山西侧，今灵山中学校园内。它由龟岩、钱岩、月岩三个洞组成，取沧海桑田三变之意，故名“三海岩”。

洞口处，空间略显狭窄，但深入其中，便会发现洞内高大宽敞，可轻松容纳数千人，并且地面经过精心打磨，显得十分平整。四周的岩壁呈现出坡形的姿态，洞顶上的钟乳石倒垂而下，形态各异，宛如天然的艺术品。洞内

灵山三海岩洞口

翠壁峰穿镜岩

气候宜人，阴凉舒适。清人李符清曾赞道："游尽中原名胜地，那知仙境在乡园。"

三海岩因洞内遍布的石刻而出名。如今洞内保存有北宋至民国约九百年间的石刻一百四十余幅，大部分保存完好。这些石刻包含了诗、赋、纪事、题字、题名等形式，内容涵盖了文学、政治、经济以及山川风物等，真实地反映了北宋以来社会的精神风貌。这些作品以不同大小的楷、行、草、隶、篆等字体进行书写和雕刻，具有极高的书法艺术价值。这些石刻的诗文及书法作者主要是当地文人及地方官员，也有一些外来的达官贵人如得松、陶弼等，在靠近三海岩的左右山峰留下了著名的诗篇。三海岩左为花石山，上有观音寺，是灵山最著名的佛教寺庙之一；右为翠壁峰，上有穿镜岩（又称半月岩、通天岩）。两山都有崖刻。民国二十八年（1939 年）11 月，蔡廷锴率第二十六集团军进驻灵山，司令部就设在穿镜岩上，并在穿镜岩上题刻"振旅岩疆"四字。石刻高二百一十二厘米，宽七十七厘米，直行楷书，前款为"民国二十九年抗日驻军于此"，后款为"蔡廷锴书"。

在三海岩的石刻中，其中一方是在钦州任职期满的知州在离任返京途中留下的。这位知州，名叫岳霖，其父亲就是赫赫有名的抗金英雄岳飞。

岳霖是岳飞的第三子，淳熙二年至四年（公元 1175 年—1177 年）任钦州知州。岳霖的前半生，在战火与漂泊中度过。建炎四年（公元 1130 年），岳飞率军在江苏宜兴、泰州、江阴和江西洪州等地转战驻防。这年的十一月，岳霖出生于宜兴唐门军营。自幼随军，童年的岳霖惯听鼓角临风悲壮，惯看将士跃马横戈。“撼山易，撼岳家军难”，父兄以及岳家军将士的英勇刚毅为岳霖铺设了最初的生命底色，也为他的人生坎坷埋下了伏笔。

绍兴十一年（公元 1141 年），宋高宗和秦桧将岳飞父子及部将张宪以“莫须有”罪名杀害，岳霖痛失慈父。岳飞死后，其家属被流放广南西路、广南东路。当时年仅十二岁的岳霖与其母亲李娃在官方的押解下，长途跋涉，来到陌生的岭南。尽管明知已置岳家于绝境，但宋高宗赵构还是心虚，怕生出什么变故，勒令当地官吏“月具存亡闻奏”，也就是对岳家妇女儿童无论死活，都要每月报告。所幸艰难岁月里，岳霖依旧秉承家风，自强不息，发奋勤学，不荒废时光，不颓废心志。当命运的转机来临，作为岳家后人，他依旧展现出了“精忠报国”的胸怀和气概。

绍兴三十一年（公元 1161 年），宋高宗赵构解除流放令，岳飞家属得以生还。次年，宋孝宗赵昚登基后，立即为岳飞昭雪平反，以此昭示天下，向金国挑明强硬态度。淳熙二年（公元 1175 年），岳霖出任权知钦州军州事，也就是代掌钦州知州。代知州岳霖在钦州为民办了很多实事好事。他带动民

花石山观音寺

众兴修水利、筑堤防洪，奖励生产。乡人种田不再只是撒下种子等天吃饭，而是田间地头耘田灌溉、春种秋收。大力发展生产抓好“米袋子”的同时，岳知州还深知兴教办学、培养人才对促进边远地区持续发展的重要性。他下令拆除原先狭窄破旧的钦州学宫，将地基进行拓宽，并重新划地建设，广泛招收学生，以扩大人才培养规模。为保证学宫的教学质量，岳知州还充分调动自己的人脉，延请学界名流，如周去非、张栻等人，来钦州游学、任职。张栻当时任靖江知府，是南宋抗金统帅、中兴名相张浚之子，岳麓书院的创始人之一，与朱熹并列“东南三贤”的一代学宗。岳霖极力邀请这位学界泰斗，从繁忙的公务中抽身到钦州来考察、游学。张栻在其《南轩先生文集》卷九《钦州学记》中，热情洋溢地为岳霖、周去非以及钦州学宫留下了大加赞美的一笔。

岳霖是个文官，性格谦和温厚，但身上始终流淌着英雄的血液，必要时也会化身怒目金刚。宋代钦州，沿海沿边的地理位置使其成为官方、民间与东南亚各国进行贸易的中转站，因此岳霖的日常工作自然会有涉外事务。淳熙四年（公元 1177 年），交趾（越南）沿袭旧例派遣使团向南宋朝廷进贡，完成任务后取道钦州返回交趾。那一晚，住在钦州驿馆的交趾使团成员暴力破坏馆内的设施。岳霖闻讯怒不可遏，拔出长剑交给下属并厉声说道：“告诉他们，虽然是海外使节，也要遵守大宋律法。毁坏的房子即刻重新修建恢复原貌，砸烂的物件悉数赔偿一件不少，否则走不出钦州半步！”岳家军名声在外，交趾使者被吓得脊背发凉，老老实实修好驿馆、赔付钱物，仓皇离开了钦州。岳霖以正义和胆气维护了民族尊严，门风余烈和家国忠诚集于一身。

淳熙四年（公元 1177 年）十二月，岳霖在钦州任满赴京述职，钦州民众依依惜别，“攀辕挽留，截路塞巷”。途经灵山三海岩时，岳霖在岩壁上留下述怀诗一首：

折腰为米本忧贫，
流落天南瘴海滨。
千里江山空别恨，
十年萍梗可伤神。
拊膺但觉丹心壮，
览镜那堪白发新。
归去恩深知感激，
只惭无德愧斯民。

诗句字里行间有身世浮沉、人生漂萍的感慨，更有壮志未酬、心系黎民的忧思。所谓爱人者人恒爱之。钦州百姓敬仰岳霖这位父母官，将他的牌位入祀于钦州名宦祠，长久怀念。

由于三海岩摩崖石刻年代连续，刻幅密集，诗文书法俱佳，并与自然景观相映生辉，历来深受人们喜爱，三海岩因此成为游览胜地。广西壮族自治区人民政府于 1994 年将三海岩摩崖石刻列为广西文物保护单位。

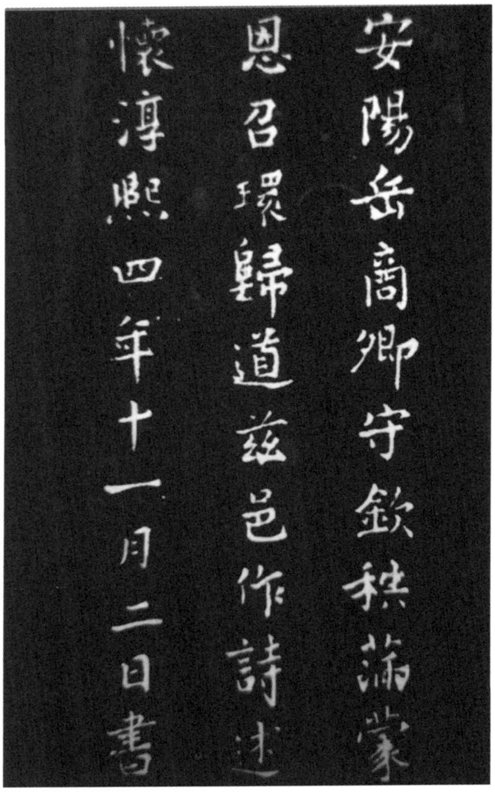

岳霖《过灵山述怀》原刻于三海岩前厅东壁，后部分在明朝崇祯年间遭铲削，仅诗序三行小楷保存完好

干栏围屋大院骑楼　钦州民居多元交融

在漫长的耕山耘海生活中，钦州人依托海洋频繁开展海外商贸和文化交流，形成多种文化融合共生的奇特现象。这种多民族杂居、多元文化交融的环境，孕育出干栏式、院落式、碉楼院、客家围屋、中西合璧式、西式洋楼以及商住骑楼等风格迥异的民居。

钦州古时属象郡，当时人烟稀少，森林繁茂稠密，毒蛇猛兽众多，还有日晒蒸发出来的瘴气。为了防止潮湿有毒的气体侵入并避免遭受各种凶猛野兽和虫蛇的侵害，古越人仿效鸟类，搭起悬离地面的简陋居所——巢居，这就是干栏式建筑的雏形。正如《博物志》所云："南越巢居，北朔穴居，避寒暑也。"干栏式房子即竹木结构的二层楼房，下层饲养猪、牛等家畜，上层住人，这种房子形式简单，材料易得，还能有效解决通风隔热、遮阳降温、防风防雨等关键问题。钦州属亚热带气候，并具海洋性气候特征，气温高、日照长、太阳辐射总量大，闷热、雨水多、潮湿是其主要特性。所以类似巢居的干栏式房子是古时钦州人的首选。从考古资料看，在距今四千到八千年的钦州独料新石器时代文化遗址发现了柱洞、灰沟和灰坑遗迹，经分析应该是房屋遗迹，很可能是古钦州的原生态建筑——干栏建筑。二十世纪七十年代，从今北海

浦北县出土文物中的建筑元素

市合浦县廉州镇东南郊的望牛岭、风门岭、宝塔山和东北郊堂排一带，陆续发掘出汉墓四百余座，在出土陶瓷器中出现了各种类型的陶屋，表明两汉时期广西沿海地区干栏式建筑已流行。如风门岭第二十三号墓属西汉早期墓，出土陶仓两件。该陶仓属干栏式建筑，四足粗矮，上承宽台面，门开在中间。第二十八号墓出土陶屋一件，为上下两层的干栏式建筑，上为人居，下为畜圈。直至近代，钦州市钦北地区的壮族等少数民族部分居民仍然居住在传统的干栏式房屋。

目前，钦州市仍留存的较具代表性的干栏式民居有浦北县官垌新屋坡古建筑群、钦北区那桑村古建筑群、钦北区那墩村马宅等。

秦朝统一中国之后，由于征战、商旅、贬谪等多种原因，中原地区开始出现向南方移民的趋势。移民带来了中原地区的先进文化，包括建筑文化。中原建筑在形制上主要表现为院落、楼阁以及殿宇等。院落式民居的传统格局以“进”为单位进行构建，每“进”至少包括三间厅房，并可向两侧以单数形式进行对称扩展。这种建筑以砖木结构为主，是古代及近代钦州汉民族的主要建筑形式。除了由“进”和“厢房”构成的主座，院落式建筑还包括两侧及后侧相连的廊房，形成一个相对封闭的整体，通常是由同族人聚集建造的，以祠堂、书塾为中心，形成群宅布局。民居内部强调主次分明、内外有别和布局对称。整个建筑各区域功能清晰，等级分明，体现了以农业自然经济为基础的宗法伦理特点：一是高度重视血缘关系；二是强调等级差异，提倡长幼、尊卑有序。

目前钦州市保存得较为完好的院落式古民居不少，具有代表性的有灵山县大芦村古建筑群、浦北县马突村覃汉大屋、钦南区三马路南巷潘屋堂、钦北区竹山古建筑群等四十二处。

碉楼院民居其实是院落式民居的一种。在旧时，一些较为富裕的人家会在四面围合的院落四角建起碉楼，主要用于战争或土匪抢劫时的自我防御。碉楼楼体与平房相连，为了确保安全，碉楼只能通过平房进行出入，而没有独立的进出口。碉楼高度约为七米，一般为二至三层，在二层以上的不同方位，会设置多个瞭望孔和射击孔，部分碉楼还设有地下室。

钦州现存的碉楼院民居有灵山县新大塘村龙武庄园、浦北县塘坪坡村李宅、钦南区板桂街刘永福故居、钦北区新月堂古建筑群等十三处。

自汉代开创由我国东南沿海通往东南亚、南亚各国的海上丝绸之路以来，

干栏式建筑——陶屋

干栏式建代表——浦北县官垌新屋坡古建筑群

灵山县大芦村的院落式民居

灵山县苏村刘氏祖宅

灵山县新大塘龙武庄园碉楼

浦北县塘坪坡村李宅碉楼

刘永福故居

南方沿海地区一直是中国与东南亚、南亚各国海上往来的重要始发地和停靠地，是中外货物重要的交易中心（古称博易场）。海外的商人或使团从北部湾合浦港登陆，沿着岭南与中原、西南之间的交通路线，进入中国腹地，与中国建立直接的贸易或朝贡关系。这些交往使域外文化也逐渐传入中国，反映在建筑上，就是一些民居建筑受到外国建筑形式或某些构件的影响，表现出与外来建筑文化的交融特征。例如，在钦州古城遗址、浦北越州古城遗址，均出土隋唐时期的莲花瓣纹瓦当，这充分表明当时佛教文化对建筑装饰的深远影响。明清以后，特别是北海开埠后，钦廉一带出现了中西合璧式楼房、西式洋楼以及商住一体的骑楼等建筑形式，亦是受外来文化影响的结果。

钦州的中西合璧建筑主要呈现“西皮中骨”和“西体中顶”等特殊建筑外表式样，代表建筑有位于浦北县坡子坪香翰屏将军故居、钦南区中山路广州会馆等五处。

在清朝后期，钦州出现了西式洋楼，其建筑形式主要是券柱式或券廊式，以石头、砖、混凝土等为建筑材料，借助数的组合和几何形状来构建建筑形体，同时利用雕刻线条和浮雕来装饰建筑外观。西式洋楼一般为独栋，二至三层的卷拱结构和外廊式样，四面或三面临空，常带花园。代表建筑有钦南区龙

申葆藩故居“将军楼”

民国时期拍摄的中山路骑楼街

门港镇申葆藩故居“将军楼”、钦州城区苏廷有故居等五处。

骑楼是近代出现的沿街商住一体建筑，上楼下廊，可遮阳又可挡雨，是我国东南沿海城镇特有的欧亚风格结合的南洋风情建筑。钦州市的骑楼主要分布在钦南区旧城老街，有新旧式样。旧式样源于干栏建筑的吊脚楼和外廊房式样，采用青砖清水墙、灰青片瓦双坡屋顶。清末民初，西风东渐，受南洋建筑风情和西欧商业街风格的影响，骑楼商铺沿街立面增加西式牌坊装饰，这是骑楼的新式样。现存钦州老街的骑楼中，具有代表性的是建于二十世纪三十年代的中山路骑楼建筑群，新旧式样皆存。

在钦廉一带的移民中，有相当一部分是来自粤、闽、赣的客家人，所以钦州也有以围屋（围龙屋）为代表的客家建筑。客家人的特点是崇宗敬祖、聚族而居，所以，几户甚至几十户的同宗居民围建房屋聚居在一起是客家民居的特色。围屋的外形分同心圆形、半圆形和方形三种，住户各自独立成院，自成一体。大门之内，分上中下三个大厅，左右分两厢或四厢，俗称横屋，一直向后延伸，在左右横屋的尽头，筑起围墙形的房屋，把正屋包围起来，小的十几间，大的二十几间，正中一间为“龙厅”，故围屋也称“围龙”屋。四周建有高大的防护墙，墙上还有瞭望孔、射击孔，院子内有晒场、公共祠堂等。小围龙屋一般只有一至两条围龙，大型围龙屋则有四条五条甚至六条围龙。但不论大小，大门前必有一块禾坪和一个半月形池塘，禾坪用于晒谷、乘凉和其他活动，池塘具有蓄水、养鱼、防火、防旱等作用。这种建筑带有聚居防御特点，主要是为了求生存和防备其他族群侵犯，也便于家族团结。

钦州市较有代表性的围屋有浦北县大罗坪村宋氏围屋、钦南区六湖村张锡光围屋建筑群等五处。

延伸阅读

镬耳楼：岭南传统居民建筑的广西演义

镬耳楼是岭南传统居民建筑，造型风格独特，主要体现在民居、祠堂、庙屋、府第之中。镬耳楼，顾名思义，是因为屋顶两头的墙体都是凸起，像锅头的耳朵，所以形象地叫镬耳楼。

大芦村的镬耳楼是劳氏家族的发祥地。明清时期的钦州灵山，往往官越

大，其屋山墙上的镬耳就越大。大芦村的劳氏第四代劳统在明末时任六品官，所以屋山墙上的镬耳特别壮观。而在劳氏院落中，规矩森严：上下尊卑，各住各的房，各走各的道，不能越雷池半步。

大芦村古建筑群位于广西灵山县佛子镇大芦村丘陵之上，建于明嘉靖二十五年（公元1546年）至清同治二年（公元1863年），主要有四美堂（又称劳氏祖居，镬耳楼）、三达堂、双庆堂、东园别墅、东明堂、蟠龙堂、陈卓园、沙梨园、富春园和劳克中公祠共十处明清建筑，占地二十余万平方米，保存完整。大芦村古建筑群的建筑极富特色，集居住、防卫、聚会等多种功能于一体，还有许多精美的艺术装饰。大芦村古建筑群从始建至今已有四百多年，仍然保持原有风貌，是目前广西发现的保护最完好、规模最大的明清建筑群。2013年，入选全国重点文物保护单位古建筑类名录。

唐朝宰相不同凡响　姜氏公辅名垂青史

唐开元十八年（公元730年）春，一个天赋异禀的新生命在灵山呱呱坠地。父亲姜挺看到孩子天庭饱满，地阁方圆，喜不自胜。当时有看相先生预言：“此孩器宇轩昂不同常人，将来必成大器！”

孩子满月后，姜挺为他取名公辅。

看相先生的话果然灵验，数十年后，姜公辅成为大唐宰相。

姜公辅（公元730年—835年），字德文。祖籍甘肃天水，后家族迁徙至广东南海。他的祖父姜神翊曾任钦州参军，并安家落户于遵化县，也就是现在的广西灵山县新圩镇。姜神翊生有两子，姜抗和姜挺。姜挺曾任县令，在灵山娶黄氏为妻，生下姜公辅和姜公复两个儿子。

姜公辅像

姜门家风甚严，后辈皆有成就。

尽管祖父曾是钦州的参军，父亲也是县令，按常理来说，姜公辅生来就是“官二代”，但是就如南宋邓祚在他的墓前所题：“布衣崛起秉洪钧，料事当年有若神”，他仍被归类为“布衣”，即老百姓。后来，姜公辅和他的弟弟姜公复都由他们的父亲姜挺送至京城长安进行深造，之后考取功名留京任职。

姜公复曾担任比部郎中，属刑部四郎中之一，主管稽核全国的赋税收入、行政经费以及官吏俸禄等重要事务。姜公辅在取得进士头衔后，担任校书郎一职，掌管校勘书籍，辨正错讹。此后，他再次参加殿试，因表现出色，成绩优异，改任左拾遗，掌供奉讽谏。不久，他被召入翰林院任学士，经常与唐德宗共商国是，建言献策，备受德宗器重。

姜公辅因家庭状况不佳，便向德宗提出，希望调任薪俸更高的官职。德宗一直对这个才华横溢的年轻人颇为欣赏，于是同意了他的请求，任命他兼任京兆尹户曹参军。姜公辅之所以能在朝廷中崭露头角并稳固地位，是因为他精通儒学理论，具有出色的才智和谋略。他的奏章论述详尽，分析透彻，且料事如神。这些特质使得德宗对他另眼相看，对他提出的建议也常常予以采纳。

德宗即位之初，踌躇满志、革故鼎新、果敢有为，严禁宦官干政，重用姜公辅等人，当时的社会颇有一番中兴气象。

九日山上的姜相峰

然而，从陆贽等人的最终结局来看，唐德宗在后期已不再是原先的那个唐德宗，但这不能完全将责任归咎于他。“安史之乱”带来的深重灾难，导致大唐王朝积重难返。尽管他推行了一些改革措施，但收效甚微，且屡受挫折，这让他的雄心逐渐消失。唐德宗一生的性格和行为都充满了矛盾和悲剧色彩。

建中三年（公元782年），朱滔叛乱，其兄朱泚率先上表，请求入朝。德宗欣然准备迎接他。然而，姜公辅提出谏言，认为朱泚此人非同寻常，他曾经统率泾原军队，部下皆为其所掌控，后来被朱滔夺取了他的权力，朱泚才呈现出懒散状态，因此，不能对其掉以轻心。但德宗心软，留下了朱泚。之后，泾原兵变，德宗带着家眷仓皇出逃，意欲前往凤翔。姜公辅再次进谏，指出守备凤翔的是张镒，虽然他是一位值得信赖的老臣，但他是文官，而他手下的将士都是朱泚和朱滔的旧部下。如果部下叛乱，张镒将无法控制局势。经过深思熟虑，德宗认为姜公辅的意见很有道理，因此决定改道咸阳，再前往奉天。果然没几天就传来消息，凤翔发生叛乱，张镒被杀。德宗遂对姜公辅暗生佩服。

在长安，泾原兵进皇宫，决定扶植留在皇宫的朱泚为皇，朱泚不再客气，组织三千精兵以迎接德宗为名攻打奉天。德宗一听朱泚要来接驾，非常高兴，但姜公辅请德宗留个心眼，并主动请缨担任守备。朱泚看到计谋不成，便进

九日山远眺

了宣政殿自立为帝，定国号为大秦，改元应天，又大封百官，并立侄子朱遂为皇太子，遥封朱滔为冀王、太尉、尚书令、皇太弟，杀死唐郡王、王子、王孙共七十七人，几乎把留在长安的李氏宗室灭了个精光。

德宗对此深感震惊，悲痛与羞愧交织，回忆起姜公辅的恩义，决定提升姜公辅为谏议大夫、同中书门下平章事（俗称“宰相”）。在逃亡过程中，随行的德宗长女唐安公主病重，不幸离世。德宗皇帝深感悲痛，下令进行厚葬。此时，姜公辅再次进谏，主张延缓办理丧事。然而，德宗沉浸在悲痛之中，误解了姜公辅，认为他是在故意卖弄正直、兜售名声，意图借此机会博得名声。因此，德宗下令解除姜公辅的职务，随后又将他贬为泉州别驾。

被贬为别驾后，姜公辅常到九日山排解苦闷，与隐居山上的高人秦系一见如故，他便在九日山东峰筑室，与秦系对峰而居。两人经常一起饮酒赋诗，评史论文，十分投契。

公元 805 年，太子诵继位，是为顺宗。他没有忘记姜公辅，拜他为江西吉州刺史。然而尚未赴任，姜公辅便溘然离世，一代名臣在九日山东峰黯然谢幕。在九日山上，后人为了纪念姜公辅，将他曾经频繁活动的地方称为“姜相台”和“姜相峰”，并建造了“思古堂”“二贤祠”“三贤祠”“四贤祠”等建筑。

姜公辅担任宰相期间，正是唐王朝与藩镇割据势力矛盾尖锐化的时期。德宗时爆发的“二帝四王”之乱，是唐代历史上的重大事件。在这一斗争中，姜公辅坚决站在中央王朝一边，拥护国家政令统一，反对分裂割据。姜公辅担任宰相的时间仅有半年，相对较短，未能充分施展其才华抱负，而且此时恰逢唐王朝迭发重大事变，藩镇叛乱，危及京师，他是在皇帝逃奔途中被任命为宰相的，可以说是奉职于国家多事之秋，受命于危难之际。但他尽心辅弼德宗，一腔忠义、疾恶如仇、料事如神、政绩可喜，无愧于“名相”的称号。

姜公辅还精通文章，但遗存仅有一赋一策，即《白云照春海赋》和《对直言极谏策》。《白云照春海赋》是姜公辅文学造诣的集中展示。这篇赋以鲜碧空镜春海为韵，描写白云春海的景物之美、气势之盛，文笔流畅、辞藻华丽、视野开阔，体物写志，各尽其妙，完全是盛唐文学中的大手笔。但世人对姜公辅的《对直言极谏策》评价更高，这是因为《对直言极谏策》不仅展现了姜公辅深厚的文学造诣，而且体现了他在政治和学术领域的卓越见解。此外，该策还能使后人了解唐德宗即位初期的一些心态，以及当时全国形势的部分侧面。作为德宗初即位策问的“贤良”之一，姜公辅这篇《对直言极谏策》便是他对策问的答卷。

为了纪念姜公辅这位钦州历史上位极人臣的官，钦州十字街曾建有平章坊。然而遗憾的是，该建筑在清道光年间已经荒废。

宋代教授两度赴钦 《岭外代答》传奇续写

在宋代，海上丝绸之路的远端曾一度到达伊比利亚半岛，至十二世纪，钦州成为这条繁忙海路的重要节点。钦州博易场，由朝廷设立，使得江海贸易相通，成为宋朝与安南（今越南）商品贸易的中心，呈现出繁荣热闹的景象。但由于五岭的阻隔，岭内外的陆上交通受到阻碍，连岭北的雁都只能飞到湖南衡阳便折返。因此，当时的钦州、合浦被人们称为“天涯”“海角”，仅从名字上就能感受到荒凉和遥远。

这样神秘遥远的地方，自然勾起了生活在内陆地区民众的好奇心。因此，一本名为《岭外代答》的著作应时而现。书的作者就是周去非。

南宋绍兴四年（公元 1134 年），周去非出生于浙江永嘉的一个书香世家。家中兄弟皆为进士，他在二十九岁时也成功考取进士。随后，于乾道七年（公元 1171 年）在温州本地任教授，第二年被改派到离乡万里的钦州担任教授，也就是负责教育事务的主要官员。

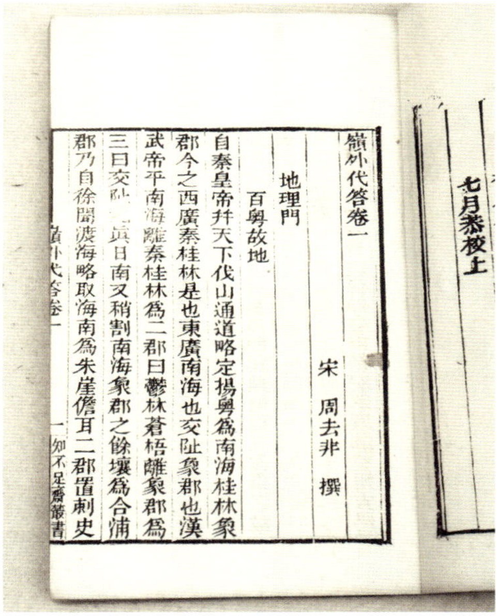
嶺外代答卷一
宋 周去非 撰
地理門
百粤故地
自秦皇帝并天下伐山通道略定揚粤爲南海桂林象
郡今之西廣秦桂林是也東廣南海也交阯象郡也漢
武帝平南海離秦桂林爲二郡曰鬱林蒼梧離象郡爲
三曰交阯[illegible]眞日南又稍割南海象郡之餘壤爲合浦
郡乃自徐聞渡海略取海南爲朱崖儋耳二郡置刺史
嶺外代答卷一　一　知不足齋叢書
七月恭校上

周去非撰写的《岭外代答》

一路舟车劳顿，簕竹浓荫中的钦州城门隐约在望，而城门前旷野上一众壮汉手持木棒长叉，正在围猎一头欲进城扰民的大老虎。在光天化日之下，城门口捕虎，道尽“天涯”之蛮荒、民风之彪悍，也勾勒了周去非对钦州的第一印象。

周去非在钦州刚做了一年教授，便遭逢母亲去世，遂告假回故乡为母亲守孝。当时，他的好友范成大正在桂林任静江知府兼广南西路经略安抚使。周去非守孝结束后，范成大就把他又请到了桂林，先后让他担任古县（今永福）县尉、灵川知县。

数年后，范成大调任四川。当时的钦州知州，是名将岳飞的第三子岳霖。岳霖求贤若渴，邀请周去非再次担任钦州的教授。周去非尽职尽责，开设课程，讲授知识，不遗余力地协助岳霖拓展钦州的人才培养规模，提升办学质量。

在公务之余，周去非还深入民间考察当地的民俗风情。其中，他最喜欢去的地方便是位于钦州江东驿的博易场。

宋真宗时期，钦州与安南设博易场进行互市，并逐渐发展成为宋代广南西路的三大自贸区——博易场之一，这也是最大的中越贸易中心。安南乃至南洋各国的船只朝发暮至，往来不绝。小商小贩们搞的是“小小博易”，富商土豪的大宗生意“动辄千缗”，税收方面“止收吾商”，对外则给予优惠政策。在周去非的眼中，这是一幅非常有趣的钦州版《清明上河图》。博易场上，各路商家纷纷亮相，商战氛围异常浓厚，展现出了多样的商业策略。有的商人通过讨价还价来尽快脱手商品，有的则选择囤积货物等待更好的价格；有的商人集中经营，有的则选择分散出击，派遣其助手为小商贩进行销售……这些商人可谓使出了浑身解数。还有市侩穿梭其中，用其三寸不烂之舌，通过“左右抑扬”来在交易中获利。中国负责市场管理的官吏则掌总秤，征商税，维持秩序。不法之徒则寻找机会混迹其间，兜售假冒伪劣物品，大搞欺诈行径，甚至有时掌秤的官员也在秤上玩弄手段，克扣斤两。周去非还特别喜欢听那些常年在海洋上漂泊的水手和商人讲述异域的奇闻逸事。

在返回家乡后，周去非经常被人问及广西的情况，不胜其烦，最终决定

保税港新貌

重建的平南古渡，当年这里是周去非经常流连的博易场

从钦州开往波兰马拉舍维奇的中欧班列

撰写《岭外代答》一书，以满足人们对这片土地的好奇和关注。《岭外代答》分为十卷二十门二百九十余条，全面而翔实地记载了岭南地区的政治、经济、少数民族生活习俗、地理、古迹、财政、商业等情况，为后人留下了许多珍贵的资料。其中，对于宋代海上丝绸之路西段南海西南、印度洋航线及沿线诸国的记述尤为详尽，涉及二十余国，详细介绍了它们的位置、国情与航行路线，其记叙所涵盖的地域包括广西邻境安南国，南至阇婆、三佛齐（今印尼的爪哇、苏门答腊），东北至高丽、百济（今朝鲜半岛），西北至大食海（今阿拉伯海），西越印度洋、红海至地中海沿岸，远抵木兰皮国（今摩洛哥）。该书特别重视对钦州的记录，全书二十门，涉及钦州的内容几乎门门都有。

周去非晚年远离官场，纵情山水，自得其乐。公元 1189 年病逝于家乡，终年五十五岁。其心血之作《岭外代答》最初以手抄本的形式在民间收藏家之间流传，后来被选入《永乐大典》和《四库全书》。由于一些国家缺乏古代史料，因此，《岭外代答》的相关记述成为研究宋时中外海上交通和十二世纪东南亚概况不可或缺的史料，堪称不朽之作。

一个经历丰富、满怀探索兴趣的士人，一部见闻广博、充满历史人文趣味的著作，让我们得以回望八百多年前东南亚诸国的奇异风情，回望八桂大地的壮美神奇，回望钦江两岸的繁华绮丽。

这段具有国际风范的历史并未远去。

广西自贸试验区钦州港片区

2019 年，广西自贸试验区钦州港片区挂牌成立。令人惊叹的是，这些似曾相识的元素无一不使人联想到《岭外代答》中描绘的宋代钦州博易场。这里是广西自贸试验区三个片区之一，也是三个片区中唯一临海、面积最大的片区，占广西自贸试验区近一半面积。未来，它将成为国际陆海贸易新通道门户港、向海经济产业集聚区、中国—东盟合作示范区。

如今，广西自贸试验区钦州港片区便是宋代钦州“国际范”的重现。当年的海上丝绸之路出海口众多，其中一条路线为：丝绸等货物从汉江航行至长江，然后进入洞庭湖沿湘江南下至灵渠，再进入广西境内的漓江至西江（珠江段），接着经北流江转向南流江，一路南下至出海口，抵达钦州湾的大观港。在此，船只换乘风帆海船“缘海而进”，远赴南洋。这就是中国古代海上丝绸之路钦州出海口的航运路线。自汉代大观港形成以来至唐代的七百多年间，从大观港逆流而上直通中原的这条内陆航线，是最为繁忙的河段之一。明代，郑和七次率领船队远渡重洋，开辟了新的东方航路。钦州作为中国南方的出海口之一，也曾扮演了重要的角色。后来，随着世界贸易的多元化发展，这条东方航路上的钦州逐渐淡出了人们的视线。直到当代中国提出“一带一路”倡议，这一历史性的倡议使得钦州在“丝绸之路经济带”和“21 世纪海上丝绸之路”的重要节点上重新焕发出光彩。

中欧班列是运行于中国与欧洲以及“一带一路”合作伙伴间的集装箱国际联运列车。钦州被列为中欧班列枢纽十一个沿海重要港口节点之一。对于

北京大学潘文石教授的中华白海豚科研团队

中华白海豚

近年倾力打造“21 世纪海上丝绸之路”门户港的钦州来说，这是一个千载难逢的机遇。2018 年 1 月 17 日，首趟由广西发往欧洲的中欧班列自钦州港火车东站启程，象征着海上丝绸之路在钦州这一重要节点上，实现了与陆上丝绸之路的再次连接。此次班列的开行，标志着钦州作为海、陆丝绸之路的重要交汇点，正在开启新的历史篇章。此后，钦州西部陆海新通道班列与中欧班列实现常态化衔接，打造出“运贸一体化”、海铁空联运、西部陆海新通道班列、数字班列、恒温班列等特色品牌。通过此种无缝衔接，东南亚至钦州的海运最快时间缩短至仅需半天，而钦州至西安的运输时间也只需五天。全程海铁联运只需五天半，实现了从中国西部地区腹地到21世纪海上丝绸之路的紧密连接。这种高效的物流运输方式，促进了中国与东南亚等地区的贸易往来，推动了区域经济的发展。

《岭外代答》中那些对于宋代人来说如天书般的外国名字，在今天近在咫尺，比如佛罗安、登流眉就是今天的马来西亚，其实，马来西亚早在六千年前就与钦州结缘。这就要从被誉为"海上大熊猫"的国家一级保护动物中华白海豚说起了。

在钦州三娘湾乘船出海，大多数情况下都能观测到中华白海豚。它们常常追逐渔船、亲近渔夫、嬉戏游客，与海鸥共舞，与人同乐，展现出人与海豚亲密无间、和谐温馨的精彩画面。2004年，中国生物学界泰斗、北京大学生命科学学院教授潘文石先生在钦州建立了北京大学钦州（三娘湾）中华白海豚研究基地。经过十多年的跟踪研究，潘教授的团队发现在三娘湾的这个中华白海豚种群，不仅与其他中华白海豚外形有区别，而且还是一个独特的地理种群，可以称为"钦州的白海豚"。经过基因对比，钦州的白海豚具有一种特殊的古老的基因型。迄今为止，这一基因型在中国沿海其他地区的白海豚身上都没有出现过。根据这一发现，推断出三娘湾最初的海豚"移民"大约是在距今六千年前从马来西亚迁移过来的。最后一轮冰期结束后，海平面上升，原先被"囚禁"在马来西亚巽他群岛四周的一部分海豚，随着温热的洋流由西南向东北迁移，经过马来西亚、暹罗湾、柬埔寨、越南，到达三娘湾，开拓了新的栖息地并生活到现在。

钦州的白海豚像一根红绳，连结起六千年的时空。如今，钦州市与马来西亚再度携手，续写了这段缘分。2012年4月1日，中国—马来西亚钦州产业园区在钦州奠基。这是中国政府与外国政府合作的第三个国际园区。一年后，马来西亚—中国关丹产业园区在马来西亚关丹奠基。"两国双园"国际产能合作模式正式启动，这一创新型合作模式开启了两个国家在对方互设产业园区、联合发展的历史先河。这一重要的里程碑标志着两国之间的合作进入了新的阶段。而钦州与关丹，也因此成为茫茫大海阻挡不了的一对"异国姊妹花"。

《岭外代答》的历史演义，今天仍在续写。

中国—马来西亚钦州产业园区

马来西亚—中关丹产业园区

大明才子林氏希元　一身正气两袖清风

自两汉始，被流贬到钦州（廉州）的官员共有五十多人，其中包括唐代的张说、宋之问，宋代的苏轼、岳霖等，而明代的林希元则是最后一个被贬至此的官员，清朝时期并无官员被贬至钦州。

林希元（公元 1481 年—1565 年），字茂贞，号次崖，福建同安人，理学名臣。

林希元少年聪颖苦读，因家境贫寒，中秀才后做了几年私塾先生，明正德十一年（公元 1516 年）中举，第二年中进士，初授南京大理寺评事，历升寺副、寺正等职。林希元为人耿直，特别爱较真，办案只认道理、坚持原则，不看僧面更不看佛面；凡事只考虑是否有益于当代和后世，从不问个人利害，因而仕途较多曲折，几起几落。

林希元像

升任大理寺丞没多久，林希元因辽东兵变直接上书批评朝廷的姑息政策，明世宗朱厚熜很不高兴，干脆一道诏令把他贬到山高皇帝远的蛮荒之地——钦州，出任知州一职。

嘉靖十四年（公元 1535 年），林希元带着眷属书童，驮着简单行李和几箱书简离开繁华的南京，远赴广西。一路舟车劳顿、翻山越岭，寒来暑往历时近一年时间才来到钦州地界。入得州境，车马又在崎岖山道上颠簸了三天，才看见州城。不过，这三天的进城路途，也恰好让林希元以父母官的眼光，把自己即将到任执掌的这个地方认真打量了一番。他第一眼看见的是一片荒凉，举目旷野茫茫，遍地草木荆棘，其中仅有十分之一二的地方被开垦出来作为田地；第二眼看见的是开发潜力，这地方水土资源丰富，光照条件优越，适合种植小米、水稻、芝麻、黄豆等各种农作物。

被贬谪至这样的地方，林希元的内心尽管感到些许不适，但敢作敢为的人通常具备强大的内心。因此，这种情绪上的困扰并未对他的工作积极性、主动性和创造性产生任何影响。

上任伊始，林希元就非常重视发展农业。他先是亲自登门拜访，动员了一批种地带头人，主要是有丰富经验的老人，让他们担任田正和田副，专职负责劝农工作，教大家耕作技术，督促大家勿错过农时。他还找来了钦州人没见过的粟、豆、麦、芝麻等作物种子，在钦州推广种植，丰富了钦州的农产品种类。他亲自带队勘察丈量田地，共勘得荒地一万零八十亩。在离房地产业的兴盛还差几百年的时代，要发挥这一大片土地的效益，最好的办法当然是让它多打粮食。林知州一开始想招募农户搞土地承包，但那时候的钦州地广人稀，农民不缺可耕田地，但缺青壮劳力，所以没人响应。一招不奏效，那就再想别的辙。林知州想到了屯田，就是由州府来直接组织大规模集体耕作。他一面请示朝廷，一面开展工作，采取三种屯田办法解决戍边乐业的问题。一是按汉朝用哨兵且耕且战之法屯田，把驻守孟埇江口的州千户统军分一部分轮换出海巡哨，一部分就近在孟埇、茶山一带耕作，警戒防守、发展生产两手抓；二是按东晋招收流民、游民之法屯田，不管有没有钦州户口，愿意承包田地耕种的，要田给田，要牛给牛；三是按唐朝用府兵无事则耕有事则战之法屯田，也就是从“警察”队伍中分一部分守城、守库、守监、追捕、巡逻，一部分耕种。当然负责农耕的士卒不能只种田，他们春种秋收后要集中在州城操练，有寇打仗，无寇务农，不废农时，也不误军务。林希元在屯田管理上进行大胆改革，实行层层抓落实、人人有责任的办法——知州督促州判，州判掌管屯老，屯老专管甲头，甲头督耕屯丁。这一系列举措很快就取得了良好的效果，有效地充实了州府粮仓，解决了百姓的冻饿之苦，缓解了边境防务的忧虑。

林希元自幼家境贫寒，勤奋苦读，最终通过科举考试出仕为官。因此他深刻认识到教育的重要性，积极倡导并推动设立学校，致力于培养人才。在钦期间，他复儒学、拨公田、建学社，在钦州儒学东边的城隍庙旧址上改建学舍二十间供师生居住。尽管他的薪俸收入并不高，但他仍然自掏腰包捐助了十两银子来资助公学。学社建成后，林希元立教规、选名师、作训言，鼓励城乡儿童到学社入学读书，习礼教、正衣表，知书识礼。因此学社里书声琅琅，教化成风。林希元自身却是两袖清风，在家乡建房历经二十多年仍未建成，不是缺建材就是缺工人，还曾经因工人上访讨要工钱无法支付而闹过笑话。

除了吃饭和读书问题，医疗卫生和交通建设也是林希元重点关注的民生工作。他不仅设立军民药局，广开诊所，改变百姓有病杀牛求巫祭神的弊俗陋习，还为百姓铺路建桥。他在离城西二十公里的如洪渡（今黄屋屯江）、城东门的州门渡、西门圩和城南圩（今鱼寮西街）的城隔壕等四通八达的地方建桥，方便百姓赶圩、进城。嘉靖十六年（公元 1537 年），朝廷要举兵平定安南莫登庸的叛乱，林希元为架设通行的渡桥，披蓑戴笠赤脚下水勘测钦江地形水流，三次变更桥址，最后选定在州门渡旧学宫（今广州会馆）前的江面上搭设渡桥。虽两次被大雨山洪冲垮桥梁桥柱，但他并不气馁，依然亲自勘测、指挥监工复工建造。嘉靖十八年（公元 1539 年）七月桥梁竣工后，再次遭遇了大规模的洪水，但桥梁屹立不倒，安然无恙。林希元对此深感欣慰，将这座桥命名为“平安桥”。建桥遗址便在如今钦州城区一马路平南古渡附近。

林希元始终为钦州人所铭记，还在于他为钦州留下了嘉靖版《钦州志》这一宝贵的文化遗产。钦州经志修编始于宋代，但多有散落缺漏。林希元深为痛惜。在钦三年，他踏遍钦州山川形胜，深入村寨了解风土人情，勘查古迹亭榭，调研圩埠物产，研究历史沿革，最终修纂了《钦州志》。该志分九卷二十八个门目，以记事为主，客观、恰当地记录了钦州经济社会生活的方方面面，包括户数、人口数、潮汐、航运等实际情况。在处理方志中的历史事件和各种资料时，林希元始终秉持实事求是的原则，力求真实地反映历史。该志还忠实地体现了林希元躬行实践、只论道理的治学态度，以及其反对海禁商禁、重视发展生产的政治态度，是一部有着开放理念和向海意识的历史文化遗产，比较完整系统地体现明朝在南方的政治、经济、军事、农业、社会生活等实情。这本《钦州志》遂成为后人使用最多的版本。

嘉靖十八年（公元 1539 年）冬，林希元任满离钦，因政绩务实显著，升任广东按察司佥事巡海兼管珠池兵备道。在他离任时，钦州的百姓纷纷夹道相送，表达对其依依不舍之情。此后，林希元被百姓建庙传颂，其美名流传百世。

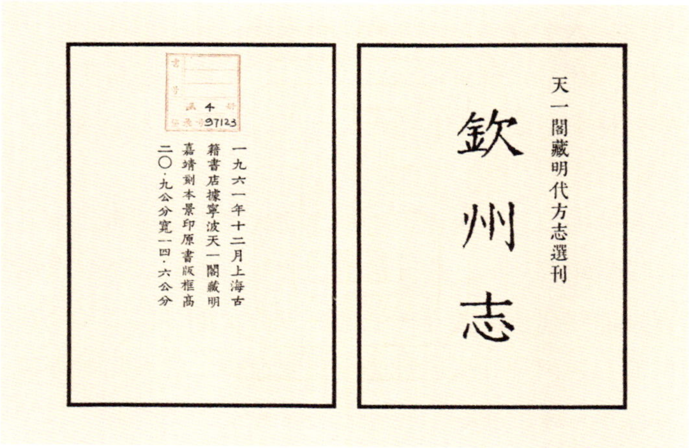

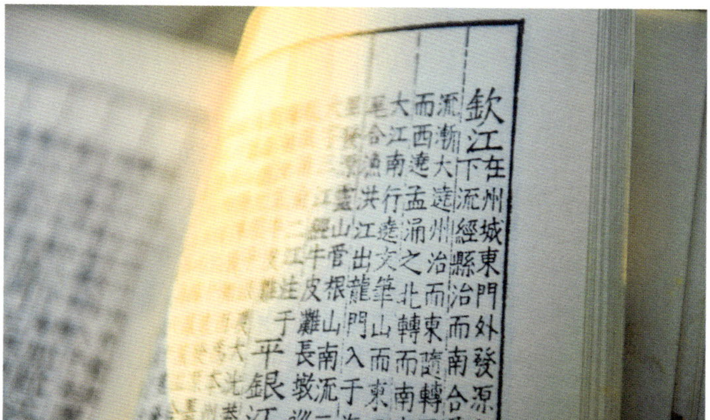

林希元主编的《钦州志》书影

官至六品掌管库银　身后仅遗俸银五钱

章献中（公元 1512 年—1557 年），字君用，钦州白沙乡人。曾任浙江都司经历、云南大理府通判等职。

章献中年少时家贫，但传承耕读家风，自幼勤奋好学。嘉靖十一年（公元 1532 年）拔贡。钦州知州林希元听闻其品行端正，学问渊博，把他招来参与编修《钦州志》。因为这段机缘，林知州认为这小伙子就像他的字“君用”一样，是国家可用之才，于是推荐他到国子监深造。

嘉靖十九年（公元 1540 年），章献中肄业后到浙江担任都司经历，即负责公文和司法的小秘书。虽然这个经历没有什么实权，品级也不高，他却非常认真负责，恪尽其职，廉洁奉公，得到同僚们的称赞。一天，章献中想念远在钦州的家人，便到商铺购买纸墨准备写家书，巧遇同事。同事感到不可思议，他掌管文书，官府里面有的是笔墨纸砚，随便拿一些来用即可，他却偏偏为了一封家书去自己买纸笺。但在章献中看来，慎微是防止贪欲萌生、斩断邪念的操守，相比灭官烛读家书的古人，自己做得还不够好。对于他的为人品行，同事们敬佩得不行。

章献中在浙江都司经历的职位上一直严于律己、勤恳敬业、默默奉献。任职九年，朝廷考核各种官员政绩，他列清廉全国第七。鉴于章献中在考核中的优异表现，朝廷决定追赠其父章禹为都司经历。礼部将匾额送至钦州，乡亲们都以此为荣。

嘉靖二十八年（公元 1549 年），章献中擢升云南大理府通判，官至正六品。云南大理府通判，是知府的副手，主要掌管财务、赋役、粮运、水利、屯田、牧马、江海防务等事，这个职务在当时是个实实在在的“肥差”。通判还兼有监察官吏之权。章献中赴任时，为了避免招摇张扬、劳民伤财，省去了一切铺张的排场，行装随员一切从简，只带着一名随身书童。多年仕宦在外，章献中很少能够回一趟家乡，这次赴任恰好要途经广西，他带着书童雇了一只小船从钦江顺流而下抵家。

回家前，章献中已写信告知家里，大家都等着看这位大官如何衣锦还乡。家人算好日期，派了个认识他的远房亲戚在码头等候，左等右等，却始终没有看到预期的高头大马和锦衣玉帛。这时，只见一只小船靠岸，船上下来两个风尘仆仆的人。他们并没有携带什么贵重物品或大包小包，看上去十分朴素。亲戚一时不敢确认这就是章献中，但一路跟随他们回到家中后，才终于确认了他们的身份。这副"穷酸样"实在可怜，不知道的还以为他刚上任就被贬了。想在亲朋好友前炫耀的家人开起了章献中的"批判会"，纷纷指责他不通情理："你要廉洁也不要太过了，你哪像个朝廷命官啊？我们的面子都被你丢光了！"

章献中觉得话不投机，给祖宗扫过墓，没有多留便启程到大理府上任了。到了大理，他就把原来各种杂务开支全部砍掉，本来每年上缴和开支之后的结余可以用作官员补贴，可他自己一分也不拿。

新官上任，许多达官贵人、社会名流纷纷携厚礼登门拜访，但他一律以淡茶相待，所赠礼物均退回，因此得了"古板"之名。一天，章献中看见妻子和小孩都穿着新衣服，就问妻子新衣的布料哪里来的。得知布料是他的手下见他家人穿得破破烂烂，实在看不下去，买了布料交给他家人并撒谎说这是朝廷发的。章献中严厉批评教育了相关人员，并按布料的价钱如数退还给手下。

理政期间，章献中对自己分掌的屯田、水利尤其重视。他鼓励民众开垦土地，发展边疆生产。为解决农田水利灌溉问题，他发动五千多名屯军开凿池渠水利工程三十里，做到了"田不病于旱防"。对于素以干旱著称的某些坝子，章献中带领民众创造了"地龙"浇灌网，减少了水的蒸发量，使大片荒田得到灌溉而成为绿野。由于大兴水利，浇灌屯田，促进生产发展，军民俱利，章献中的功德被人们广为传颂。

后来章献中调任银场主管，主管的银钱来往出入数以万计。之前银场管理不善，陋弊百出，监管银场的大小胥吏总想着谋取个人利益，挪用或私取等现象时有发生。章献中立意革除一切陋习。上任第一天，银场库管就以汇报工作为由上门拜访，并暗中呈上藏在袖子中的十两银子。章献中当场拒绝，并严厉训斥了库管。经过调查了解，他详细收集库管在秤兑中偷盗白银的各种罪证，上书罢免库管，将年久减轻的砝码和私铸的砝码全部废除，严格使用统一标准的银秤砝码，加强监督管理，使得银库钱银出入分毫不差，银场面貌焕然一新。主管银场三年，虽然银库钱银千万，但章献中两袖清风。

生活中，章献中的日常用度也相当节俭。除了节庆，饭桌上从来没有两样以上的肉菜。他要求妻子带领孩子们垦地种菜，饲养家禽，自给自足。同时，他还经常以祖上《太傅仔钧公家训》（即《章氏家训》）教导子女，要求子女们时刻牢记家训，随时警醒自身。

由于长年为政务夙兴夜寐、劳心劳力，章献中最终忧劳成疾。嘉靖三十六年（公元 1557 年），章献中病卒于官舍，府中同僚好友前来帮助料理后事。清理遗物时开箱捡囊，除了一些书籍和旧衣物，只有遗俸白银五钱，这点钱连后事也办不了，在场者都唏嘘不已。当地士大夫感叹说："闻章献中之风者，可使贪夫廉而懦夫立矣！"

嘉庆老师冯氏敏昌 “五岭鸿儒”兴教四方

冯敏昌(公元1747年—1806年),字伯求,号鱼山,广东钦州(今属广西)人。清乾隆四十三年(公元1778年)进士,是清代大儒翁方纲、陆锡熊眼里的“南海明珠”“天下异才”,当过颙琰——也就是后来的嘉庆皇帝的老师,教育培养了承担江山社稷大任的未来接班人。更难得的是,冯敏昌不仅学识渊博,才华横溢,还是一个在人格品行上几乎找不到任何缺点、永远光风霁月的人。

冯敏昌资质出众,自幼所赋诗文,下笔远超成人。六七岁已经熟读四书五经。九岁那年随父登钦州文笔峰,当众赋诗一首,借钦江壮景,吐胸中豪气:“长江泻万里,砥柱挽文峰。长眺三台近,遥观百雉空。凭虚发长啸,临远豁孤衷。极海扬眉处,云帆波浪中。”十二岁赴廉州府参加院试,路上看见茫茫大海上风里浪里讨生活的采珠人,写下《采珠歌》,感慨民生艰辛:

冯敏昌塑像

“江浦茫茫月影孤,一舟才过一舟呼。舟舟过去何舟得?采得珍珠泪已枯。”到了廉州府考场,因为年纪小身板也小,需要大人扶着才能坐到高脚凳上去,同期应试的考生嘲笑他“东鸟西飞,满地凤凰难下足”,冯敏昌马上应声“南龙北跃,一窝蛇蚧尽低头”!童年的冯敏昌,早早显露出敏捷的才思、阔大的胸襟、高远的境界、温厚的情感和傲岸的自信,被称为神童。历史上有些神童的才华转瞬即逝，不久就泯然众人了，大家最为熟知的便是让王安石无限惋惜的方仲永。但冯敏昌不一样，他家教极严，本人也非常努力。冯敏昌的祖父、父亲都是学养深厚的读书人，他们让冯敏昌潜心读书、考试，支持、鼓励他远走高飞。十二岁在廉州府的那场考试，冯敏昌的成绩是一众考生的“天花板”，轻轻松松就拿了个秀才资格；十五岁参加庠生例考，也就是选录国家公费资助生的考试，学使命题“月中桂树赋”，冯敏昌答卷中“宇宙唯此一株，古今曾无二月”的佳句超凡脱俗，又以第一名的优异表现获得“全额奖学金”；十九岁到广州参加的拔贡考试一举夺魁，作为优秀后备人才选送京师国子监深造；二十四岁，赴广州乡试，中举人第三；三十二岁，通过朝廷最高级别的会试、殿试，金榜题名，赐进士出身。有道是“三十老明经，五十少进士”，范进那老头子，考个举人也是五十四岁才过关，三十二岁的进士实属年轻有为。在“学而优则仕”的科举之路上，冯敏昌从岭南偏远边城一路考进京城，立于朝堂，除了资质过人，也付出了非凡的努力。冯敏昌当年“北漂”读书，寄宿北京法门寺，人地两生，水土不服，经济艰难，衣食不继，最艰苦的时候一天仅食一餐，有时竟终日粒米不进，但这些都不曾妨碍他发奋努力，潜心苦读，心志十分坚毅。

怀有兼济天下的抱负，冯敏昌由进士而进仕。他的入仕平台很高，登科之后就被钦点为翰林院庶吉士。因为学识深厚，能力出众，1781 年冯敏昌奉旨参加乾隆皇帝意在超越前代所有史志成就的浩大文化工程——编撰囊括古今文献的巨型丛书《四库全书》。他和三百八十六名当时全国一流水平的学者共事，工作质量十分出色。这项巨大的工程完成之后，乾隆皇帝亲自检阅书稿。在这个高手如林的团队里仅两人的书稿挑不出任何毛病，冯敏昌是其中之一，得到了皇帝的嘉奖。如此用心、尽心的作风，冯敏昌在其后的从政经历中从未改变过。三十八岁时他出任会试同考官。各地考生的答卷评判取舍要先过了他这一关，才有机会登上天子殿。但冯敏昌从不接受各种因私求见，不给送礼求情者任何的机会，始终秉持公心、良心阅卷，依据真才实学录取、推荐殿试贡生，经他选荐的人才大多数都考取了进士。四十五岁时冯敏昌改任户部浙江司主事，他心忧天下，写下《论积贮》一文，提出“耕作三年，其中要有一年的粮食用来积贮；耕种九年，就要有三年的粮食留下来以备不时之需”的卓识远见。四十八岁时任刑部河南司主事，他事事处处以民命为重，常常翻阅案卷至深夜，每个案件都谨慎细心再三审问，该平反的平反，该从宽的从宽，可以给予生路的给予生路。他宅心仁厚，每逢秋季要判决死刑囚犯，怜悯悲伤之情显现于色。判决后回到住处，仍然寝食不安，难过叹息。

无论身处哪一个岗位，冯敏昌总是能出色地完成工作，干得很好，但他断断续续总共九年的仕宦生涯走得并不顺利，因为在做官这件事情上，他不仅是认真的，而且是有原则、有态度的。在这几段并不算长的从政经历中，发生了一些事情，让冯敏昌因为明心见性坚持做自己而改变了人生的走向。

冯敏昌参与编撰《四库全书》时，乾隆皇帝的宠臣和珅正好是他的顶头上司，但是他对权倾朝野的和珅不仅没有趋炎附势，还经常直言直语，不打拐弯地斥责其胡作非为。和珅恨不得让这个来自穷乡僻壤又性格耿直不会奉承讨好的穷小子在自己眼前消失，所以经常在皇帝面前造谣诽谤，告冯敏昌的黑状，极力攻击陷害。但冯敏昌作为太子颙琰曾经的老师，其学识人品是经得起考验的。人正无惧影斜，和珅的诬陷始终不能得逞。《四库全书》编撰完成后，冯敏昌调任会试同考官，一年后又调任主事——一种虚职，没有具体工作，必须经过铨选才可以任实职，这就是先晾一晾的意思了。冯敏昌对此并不很在意，也没有感到郁郁不得志，更加没有走动疏通，趁着铨选时日尚远，他从官场一转身，挥一挥衣袖，牵一匹瘦马，游历祖国大好河山去了。

离京远游那年，冯敏昌刚好四十岁，本应是年富力强、大有作为之时，治国经邦、济世安民的人生抱负却无处安放，那就转向广阔无垠的山河大地驰骋自由的精神。

关于冯敏昌出游五岳，民间有个传说：出游前他曾向乾隆请示，皇上器重他博学多才，天资超群，遂御赐坐骑一匹，让他自己到御槽挑选最好的马。是夜，冯敏昌梦见仙人指点："选马不必选肥壮俊美的，选最瘦弱的那匹便好。"次日他亲到御槽，直接穿过一群膘肥体壮的高头大马，从后槽牵出一匹最瘦的马。果然此马瘦而不劣，健步踏行，不知疲倦，驮着他跋涉关山，过滔滔黄河，登巍巍五岳，拜谒大禹、虞帝、卧龙等圣贤遗迹，遍访三门砥柱、嘉鱼赤壁、岳阳楼、黄鹤楼等壮美名胜……一人一骑山河远阔，有春和景明丽日艳阳，也难免尘沙霜雪。古道西风瘦马，想来必定是旷逸豪迈的胸襟、坚毅强韧的意志，才可伴随这长长孤旅。游历过程中，他把山川河岳的浩荡灵气化作了胸中喷薄而出的诗意。冯敏昌一生诗作两千两百多首，这段游历时光是他创作的鼎盛时期。

从公元1786年离开京师到公元1791年授户部浙江司主事重回官场，这几年里，冯敏昌除了让身体和灵魂都行走在路上，还以出世之心做了两件入世之事：修志、教学。原来，他于乾隆五十二年（公元 1787 年）初冬游完北岳恒山之后，暂返大梁友人家里歇脚。河南孟县知县仇序东得到消息，亲自登门拜访，恳请冯敏昌到河阳书院执教，并主修《孟县志》。盛情难却，更重要的是，冯敏昌认为修志和教书育人都是有益于社会并惠及后世的好事，于是答应下来。乾隆五十三年（公元 1788 年）春天，冯敏昌正式主讲孟县河阳书院，兼修《孟县志》。没有人规定他什么时候上班，但他总是鸡鸣即起，钻研教材，认真备课，自己温读后才精心讲解。修志期间，他借来几大马车的参考书取证借鉴，更翻山越岭亲自考察芒砀、太行、王屋诸山，摸清疆域界限，又深入乡野民间细心考订韩愈、杜甫祠庙和墓庐所在，为先贤修茔筑垣，亲手种上苍松翠柏。历经三年艰苦工作，《孟县志》修成，分为圣制、地理、建置、田赋、职官、人物、艺文、金石、史事、杂记，共十篇。此书以其合理的结构、完备的体例，被誉为地方志的“一代之宏载，千秋之杰作”，并为后世治理黄河提供了很好的参考依据。

在河阳书院，冯敏昌度过了忙碌、充实又愉快的三年。从河阳书院开始，冯敏昌后半生的大部分时光，都与教育结下了不解之缘。《孟县志》成书后，恰好朝廷又想起了冯敏昌，把他召回去工作。从四十五岁到四十九岁，冯敏昌先后在户部浙江司、刑部河南司做了几年官。四十九岁那年，父亲去世，次年冯敏昌南归守孝，三年制满后也仍然可以回京供职，终究因为缺少路费，难以成行，于是他把余生奉献给了书院教育，五十三岁至五十五岁先后主讲广东端溪、粤秀书院，五十八岁主讲越华书院，五十九岁至六十岁复主讲粤秀书院。每到一处，他都为发展当地文化教育事业鞠躬尽瘁，不遗余力。他给学生定规矩、明方向，强调立志向、敦品行、辨义利、习礼仪、节出入、戒是非；他要求学生背诵五经，疏通书理，掌握各种文章体裁，研究诗赋，用功书法艺术，精通文字训诂，从而打下扎实的学问功底；他引导学生自己订立课程，自主钻研学习应对老师的考问；他积极争取官署为书院添置桌椅，改善伙食；他亲自动手清洁整理学子们读书的场所，多次从自己微薄的薪酬中拿出银两为书院修理门窗、桌凳……立德树人、因材施教、言传身教，冯敏昌的教育理念和教育实践相当先进、扎实。在他的努力之下，“弊坏百出”的广东书院风气一新，桃李芬芳，人才辈出，当地向学之风日渐浓厚，教育质量得到很大的提高。学生们和这位既是严师又如慈父的山长结下了深厚情谊。在从前交通不便的年代，回乡一趟并非易事。每逢过年，只要他不回去，当地的学生就会争着留下来陪他。冯敏昌从一个书院卸任到另一个书院就职，淳朴热情的广东父老为他备下数百桌酒席，“相连十里，市为之罢”，活可以不干，买卖可以不做，这饯别冯先生的酒必须得喝。

冯敏昌对家乡的教育事业也满怀关爱。无论在河阳、在端溪、在越华、在粤秀，讲学授课和主持打理书院各项事务之余，冯敏昌都常常会想起故乡的深竹读书堂，想起少年时期自己带领着弟弟们一起习诵诗书，给他们当老师的那些时光，由此念及家乡子弟的教育问题。公元 1798 年，冯敏昌为父守孝在家，看见家乡书院破败、学生失散，他忧心如焚，便亲自去郡城向学官极力建议修缮钦州海门书院，重建文阁宫，增加学田，以及要求查办学堂中的不法行为；他拜访钦州城官员士绅，动员、商议集资修复迴澜书院；他在家乡捐款办义学，捐谷设义仓，使家境穷困的子弟有书读，家乡逢遇灾荒年头有粮赈济。冯敏昌虽然仕途短暂，人不在朝堂多年，但他始终认为“报桑梓即以报国家”，报效国家可以从乡里一些具体的事情做起。

冯敏昌担任第二十三任山长的粤秀书院

修缮中的钦北区大寺镇冯敏昌旧居

冯敏昌的孝和诚也值得一书。在离乡求学、仕宦漂泊之前，他在家对待父母恭敬和蔼、关心周到，连母亲晨起去看菜园子，都担心母亲着凉，急忙披衣相随；父母身体不适，他总是亲侍汤药；长期羁旅在外，每逢父母寿辰，他总要写诗表达祝福和思念。在京供职时，他忽然得到父丧的噩耗，心中大恸，赤足在寒冬的纷飞大雪中狂奔，老师翁方纲闻讯，火急赶去喝令他穿上鞋袜。因为悲伤过度而连日茶饭不进，咯血不止。次年正月南归为父守制三年。父亲去世后，他任端溪书院讲席时把母亲接去书院尽心奉养照顾。母亲寿终，他将父母合葬，在父母坟墓附近山脚下搭盖草庐守丧，喝粥百日，素食三年，衣着孝服，不会宾客，不入闹市。

冯敏昌兄弟八人，作为长子，他勤心孝敬父母，为父母分担教育扶养弟弟们的责任；作为长兄，他时时处处做好表率和榜样。青少年时期，他带着几个弟弟在家塾深竹读书堂勤学苦读，辅导弟弟们的功课；二十七岁时，他带上四弟冯敏曙一同赴京游学，在他的教导下，冯敏曙的才学人品也深受师友信重。

冯敏昌几兄弟情感深厚。他在外求学时，得到三弟冯敏曦去世的消息，悲痛不已，一心只想回家奔丧，不愿参加第二年的乡试。但父亲严令他不得归，手足情深化作了许多个朝思暮想、泪眼相望的梦境，融入了痛彻心扉、遗恨绵绵的悼亡诗。

任翰林院编修时，冯敏昌极力倡议并多方筹措资金，在北京城南粉坑琉璃街兴建了一座有数十间房的廉州会馆，偌大京城从此有了上京赴考的家乡学子落脚的地方。同乡有位幼年丧父、贫苦无依的孤儿黄中和，冯敏昌从京师回乡时将其收为书童，带在身边。后来黄中和不幸染病亡故，冯敏昌从千里之外把其棺柩运回家乡安葬，并为他写了一篇传记《故人黄中和记》，回顾、称道其美好品行。在冯敏昌眼里，黄中和不是童仆，而是乡情依依的故人。冯敏昌在京期间，先后亲历了十余位乡人在京去世，他总是筹措募集经费，帮助运送棺柩回乡，山长水远也要让逝者魂归故里。

冯敏昌书法恂恂有儒者之风，“得法于兰亭（王羲之），而参以山谷（黄庭坚），多用方折之笔，而敛其锋芒，便处处皆有含蓄不尽之意，其字势似其反正，内刚外柔，故能温文尔雅，有书卷气”。翁方纲曾评价“仙风道骨我不如”。据民间流传，冯敏昌有一次返钦省亲途经南昌，夜宿旅馆时发现隔壁一男子伤心哭泣，欲上吊自尽。几经询问，得知男子是广东行商，遭遇劫匪，辛苦经营却血本无归，念及今后家中老幼九人无以为生，悲从中来，便想着一了百了。冯敏昌好言宽慰一番，叫商人从仅剩的几十把纸扇中挑出最好的十把，然后研墨、调彩、展扇，作画题字。但见笔随意走，墨色淋漓间，十把普通纸扇成为格调超逸幽奇的书画珍品。他嘱咐商人以每把纸扇白银五十两以上的价钱，专门拿到南昌城里的富贵人家销售。所到之处，见书

冯敏昌用过的墨砚

冯敏昌墓

冯敏昌书法

画出自翰林冯敏昌之手，纷纷慷慨购买收藏。十把纸扇换取白银六百余两，远超出商人遭劫所失。冯敏昌一支丹青妙笔，一副热肠善心，助人于情急之时，救人于危难之中，被南昌老百姓交口称颂、传为美谈。

公元 1806 年，冯敏昌积劳成疾病逝，时年六十岁。清人刘彬华在《岭南群雅》中评价：“鱼山先生性笃孝友，学务力行，道德粹然，为人伦模范。非特以诗传，而诗笔雄深雅健，实足笼罩一切，巍然为岭南一大宗。”

延伸阅读

冯敏昌题咏《七星岩五首》

桂林市七星岩风景名胜区摩崖石刻还保存着冯敏昌题咏《七星岩五首》石刻，详尽地描写了七星岩全景和石室洞、莲花洞、玉屏岩等景致。该石刻位于石室岩下的莲花洞璇玑台石壁左上侧，镌刻于清嘉庆十二年（公元 1807 年）。石刻高 0.52 米、宽 1.2 米，小楷。

原文如下：

七星岩五首

层城凌元天，高可见列星。斗星堕精液，环列正如屏。苍苍七岩开，各各标其形。厥阵回长蛇，又若轰连霆。峨冠耸正方，高屋建重瓴。斗魁曰崧台，帝觞百神灵。绝奇尤斗构，轩然紫微庭。谁令银汉回，洗出层崖青。岂知尺寸质，内照咸荧荧。是为碧琳腴，往往飞仙铭。重闻沥湖波，倒浸涵珑玲。恍惚三神山，风引来南溟。沧海忽桑田，何由验前经。且看平地势，尚欲横青冥。

铁壁深千寻，云门研百丈。门前北海记，快读神仙王。景福书者谁，擘窠郁相向。宋元盛题识，崖高渐难傍。扪历更行行，穹窿忽天放。云构拟宫庭，羽卫罗旗仗。拊阑心踊跃，排阊精詄宕。噌吰听鼓钟，翔舞见狮象。大声发爆竹，地轴俨摇荡。阴洞殊懔栗，炳烛观龙藏。石床睹蜿蜒，神渊昧深广。回登璇玑台，日月俨弦望。华盖杂花葩，卫此仁慈相。一线看天门，岩后白云涨。

忆昔登太华，莲峰历孱颜。一出南天门，手开青云关。峰背朝元洞，觌面三公山。下俯五千仞，荒忽非人寰。今兹睹线天，窘步仍险艰。亦复豁然开，还如放笼鹇。右转得嵁岩，钟乳垂斓瑸。其洞名莲花，已若窥一斑。何人作层轩，正当洞中间。阑前堕三峰，仍然缀云鬟。奇哉此登临，前游未吾悭。泚笔题梦华，凝神藉余闲。（余题此轩为梦华）同游挈壶榼，坐饮益难还。笑指山桃红，去去重来攀。

峰奔脉不连，厓断势逾峭。玉屏睹侧立，云蹬绝窈窕。猿缘穷秋毫，鱼贯出奥突。峡峻耸千尺，台方舒一啸。忽然来天风，俯听非众窍。石门女萝幽，山鬼媚余笑。遂入衔珠径，何如蚁穿巧。林端牂牁来，绝顶凤凰叫。重扃启羚峡，千里归一照。小憩忆前游，斯时尚年少（余壬午岁来游时，年始十六耳）。故物今何有，碎石眠未觉。天地一指马，光阴百熠耀。谁明昭氏琴，更把任公钓。企彼仁者心，还从性所乐。

山游屡改辙，问路先僧迦。最后指仙峰，行寻日将斜。峰形苦笋苞，微开半谽谺。洞门仅通人，匍伏入如蛇。丹光灿红云，蝙蝠腾白鸦。云何洞出米，米尺人思家。一笑舍之归，归途杂歌哗。仍余数小岩，未到徒咨嗟。重嗟此僻地，选胜宜摛华。北王与南朱，五言最甚夸（谓阮亭、竹坨两先生诗）。后来复可道，征实思搜爬。稍复追亡逋，未能工补苴。山灵欲笑人，里曲空呕哑。何人奏钧天，不用筝琵琶。

冯敏昌（印）

嘉庆五年岁在庚申季春上浣，钦州冯敏昌伯子甫稿

嘉庆十二年岁丁卯仲春，受业何元、冯经扬敬摹上石

邑人梁琨镌。冯伯子（印），大都史官（印）

冯敏昌所作《七星岩五首》，与唐代书法家李邕撰《端州石室记》和清代著名诗人、书画家黎简撰《南服陨石》，并称“七星岩摩崖石刻诗词三绝”。

外敌进犯拼命相挡　誓与钦城生死共亡

钦州城南濒北部湾，西靠十万大山，临近越南，是南疆战略要地，明清以前屡受外敌侵扰，备受战火摧残。每当战祸来临，各个朝代的州府官员、官兵壮士，多是忠诚勇毅、拼死守城、可歌可泣的英雄人物。推官李英便是其中之一。

李英是广东高要活道横石村人，从小立志“剔弊厘奸，兴利除害”。北宋天圣元年（公元 1023 年），也就是钦州古城开城那一年，李英在特科试中入仕，开始是当一个掌管民事案件的小官，由于政绩卓著，转升广西横州推官、博白推官。宋神宗熙宁年间（公元 1068 年—1077 年），担任钦州推官。

龙门港是海上进入钦州的门户，素为兵家必争之地

1945 年的钦州城区航拍照片，图中央的山岗为纪念李英的比部庙原址，图下方为钦江

在钦州就任期间，李英为政非常勤勉。他发现当时钦州仍采用刀耕火种的原始耕作，非常落后，便大力引进中原农业文明，奖励农桑，发展畜牧业，开垦耕地，推广畜力耕作，兴修水利，如修筑堤坝、开渠灌溉，同时要求农民按农时节令耕种、收获，使当时的钦州出现一派“鸠鹰催耕，鲸鲵息浪”的太平景象。

但战争还是不请自来了。公元 1075 年 11 月，交趾辅国太尉李常杰率领八万兵马大举犯宋，相继攻破灵山、合浦、南宁等地，杀戮军民十余万人，并于同年 12 月开始在城外开挖工事准备攻打钦州城，形势十分危急。李英下令关闭城门，随知州陈永龄率领众兵卒登上城楼，发出“誓与钦州共存亡”的铿锵誓言。他们连续九次击退交趾兵的进攻，三次派兵冲出包围迎接援军，但始终不见援军的踪影。交趾兵架起云梯攀上城楼，终于攻破钦州城，并大肆杀戮，李英一家十三口惨遭杀害。

第二年，宋神宗命宣徽南院使郭逵为安南道行营马步军都总管，率领十万精锐兵马进讨交趾；同时又诏广东、福建、江西三省一万兵马开赴广西，击败交趾军，收复邕、钦、廉三州，直至把他们逐出宋朝疆土。为悼念李英的忠烈行为，宋神宗追赠李英为比部郎中。因当时战乱刚息，所以李英的葬礼从简，以竹篋为棺，内装李英的官袍、帽、鞋等遗物，葬于北海铁山港，立一座衣冠冢。钦州人感念李英，将其入祀乡贤祠供人祭祀，并在城东北建庙祭祀，因李英获追授比部郎中，故称比部庙，后称北府庙。

这是钦州建城后第一次大规模的护城战，此后钦州城屡受外寇骚扰。

公元 1513 年，安南国犯钦州。安南国一个四百多人的强盗团伙开四艘大船攻打钦州，百户谢惠带兵百人御敌，因寡不敌众，壮烈殉国，大部分士兵为国捐躯，仅有四五人幸存。

公元 1546 年，安南阮敬举兵攻钦州，恰逢福建都指挥、明代抗倭名将俞大猷在附近，率兵击退。两年后，不死心的阮敬又派手下犯钦，钦州百户许镇前往龙门港迎战，殊死血拼，最终不幸牺牲。俞大猷闻讯，率领舟师追击，生擒行恶者斩首军门。

公元 1607 年 12 月，安南翁富率船百艘、匪徒数千，经龙门攻打钦州。钦州城被攻陷，百户吕朝炯越城逃命，学正李嘉谕痛斥吕朝炯的贪生怕死行为，坚决留下组织御敌，最终英勇就义。第二年，翁富再次来犯，率安南贼船两百余艘前来攻打，涠洲中军守备祝国泰提前到龙门港迎击，斩杀敌军近百人。翁富增加兵力，再度围攻。祝国泰与龙门百户孔榕合力御敌，但因刚好遇到退潮，祝国泰的战舰搁浅，被敌寇一拥而上围攻，壮烈牺牲。孔榕等人仍然誓死坚守龙门岛，最后弹尽粮绝，寡不敌众，也英勇牺牲了。

这些在抵御外侮中献出生命的将士，虽然在志书中仅留下只字片言，但永远活在钦州人的心中。

北府庙（比部庙）绘图

万里干城中流砥柱　萃旗招展威镇南关

1970年春，著名戏剧作家、诗人，中华人民共和国国歌《义勇军进行曲》词作者田汉先生在钦州参观冯宫保第之后，曾赋诗曰："近百年来多痛史，论人应不失刘冯。"

"刘冯"指的是刘永福、冯子材。在民族危难之前，他们放下曾经的江湖恩怨，以民族大义为重，合力把法国侵略者打得落花流水，一雪大清王朝面对外敌侵略屡战屡败的耻辱。

冯子材像

冯子材手迹

沙尾街冯子材出生地

镇南关（今友谊关）

冯子材祖上世居广东省南海县沙头圩（今属广州市）。清乾隆年间，该圩遭受水灾，冯子材的祖父便携家眷迁到钦州城外沙尾村定居。嘉庆二十三年（公元 1818 年）六月二十七日，冯子材在这里出生。

冯子材早年参加反清运动，后接受清政府的“招安”。咸丰三年（公元 1853 年）四月，冯子材率部众在南京城外孝陵卫拱卫江南大营，抵抗太平军，战功显赫。后来，作为清军将帅，冯子材也曾在剿匪中与当年仍为绿林的刘永福对战，不共戴天。多年的征战让冯子材名声日隆，清政府对他有所忌惮。公元 1882 年，年迈的冯子材解甲归田，回乡定居。

公元 1883 年 12 月，中法战争爆发。清军在越南战场上节节败退，清政府慌了神，经慎重考虑，意请老将冯子材出山抗法。两广总督张树声受命前去邀请冯子材出山带兵，派遣使者前去请驾。使者到时，冯子材正穿着短衣、光着双脚，和牧童一起吆喝着牛犊归来。使者说明来意，冯子材推辞了。但后来冯子材听说张树声贤明，决定到广州去拜见。正逢接替张树声担任两广

冯子材旧居冯宫保第

总督的张之洞来到广州，他对冯子材以礼相待，请他统率前卫部队守卫广东、广西。

公元 1885 年初，法军侵占镇南关，后因兵力不足、补给困难而退至文渊（今越南同登）以及谅山等地伺机再犯。危急关头，清廷命冯子材负责广西关外军务，领导镇南关前线的抗法战斗。冯子材奉命率领萃军奔赴镇南关，后即刻深入了解民情，视察关隘要地，大胆起用当地壮族青年蒙大，委派其为敢死队队长，商谋作战计划。同时，冯子材还综合各部将领和群众意见，在关前隘全长一千多米的东岭和西岭之间用土石砌起一道高七尺、宽一丈的长墙，长墙前面又挖了一条深四尺、宽一丈的堑壕，堑壕前面的开阔地里又挖了三百多个梅花坑。

公元 1885 年 3 月 23 日，法军第二旅主力一千余人在将领尼格里的指挥下，兵分三路进攻关前隘。等待已久的清军在冯子材的指挥下投入战斗。当法军进入清军包围圈时，冯子材身先士卒，率两个儿子和大刀队千人，跃出墙外，

冲入敌阵，与法军展开激战。在各路军的紧密配合下，经过三天三夜的激战，清军取得了全面胜利，这就是震惊中外的“镇南关大捷”。镇南关大捷共杀伤法军近千人，一举扭转清军在战场上的被动局面，转败为胜，战争形势为之改变。法军败讯传到巴黎，茹费里内阁被迫辞职。“镇南关大捷”也是中国近代史上反侵略战争中取得的一次伟大胜利。

值得一提的是，镇南关战役中一位新科武进士追随冯子材参战，他叫邓廷忠。他率领部下直捣法军在越南宣光城的驻地，由于武器落后，邓廷忠所部承受了严重的伤亡。然而，他毫不畏惧死亡，成功刺杀了法军少校，并在此过程中身负重伤。他在战斗中表现出色，建立了卓越的战功。战后，邓廷忠留在南宁疗伤，同时授任南宁镇台之职，为绿营兵高级武官。为他疗伤的是一位叫杨振德的孤女，二人感情也迅速升温，不久就确定了恋爱关系。公元 1904 年，他们生下了一个女孩，这个女孩就是后来成为周恩来总理夫人的邓颖超。

冯子材故居冯宫保第，位于钦州城区北郊三公里的白水塘村东，为自治区（省）级重点文物保护单位，全国重点文物保护单位、全国爱国主义教育示范基地。该府第于清光绪元年（公元 1875 年）落成。占地面积七万多平方米，包括三个状如伏虎的小山丘，当地群众称其为“卧虎地”。

冯子材墓

援越御法保台抗日　三宣提督北圻长城

钦州籍另一位民族英雄刘永福，祖籍博白，为原广东钦州防城人。钦州民间流传一句谚语：“刘义打番鬼，越打越好睇。兵死能翻生，吓死老番鬼。”

刘义就是刘永福，因他在家排行第二（钦州话“二”与“义”同音），后人便尊称他为刘义。

公元 1866 年，刘永福领导两百多人与另一支反清起义军进行整合扩编，共同组建了一支旗队。刘永福被任命为这支旗队的旗头。由于他“胆艺过人，重信爱士”，深得部下爱戴和拥护。为了进一步增强部队的战斗能力，刘永福着手对士兵进行严格的训练，同时整肃纪律，选拔优秀人才，并统一军令。当时他带兵扎营于归顺州（今靖西）安德圩的北帝庙，看见北帝庙神像旁边的周公像手执一面绘有“北斗七星”图案、镶有狗牙白边的黑色三角旗，就仿造黑旗作为自己队伍的旗帜。从此以后，这支队伍就举黑旗作战，称为黑旗军。

刘永福像

公元 1873 年 11 月 20 日，法国派兵突然攻击河内。刘永福闻讯立即挺身抗暴，亲自率军两千人南下抗法。12 月 21 日，黑旗军在河内郊外罗池与法军开战，击毙了法国将军，大败法国入侵者，取得了“诱斩安邺，覆其全军”的罗池大捷。法军被迫退出河内。这是刘永福捍卫国疆，支援友邦抗法的首次战功。

公元 1882 年 4 月，法国又

进攻越北，直接威胁到我国云南。第二年（1883 年）2 月，法军攻陷南定，越南北圻总督邀黑旗军援助。刘永福满怀“为越南平寇，为祖国屏边”的宏愿，率领黑旗军三千人挺进河内。兵不厌诈，刘永福诱敌深入，使法军腹背受敌而陷入重围。这一仗打死李维业及以下军官三十多名，打死法兵两百多名，夺得军械弹药无数。这就是举世闻名的纸桥之役。越南国王为了表彰刘永福纸桥大捷的军功，晋升他为三宣提督，加赐一等义勇男爵。

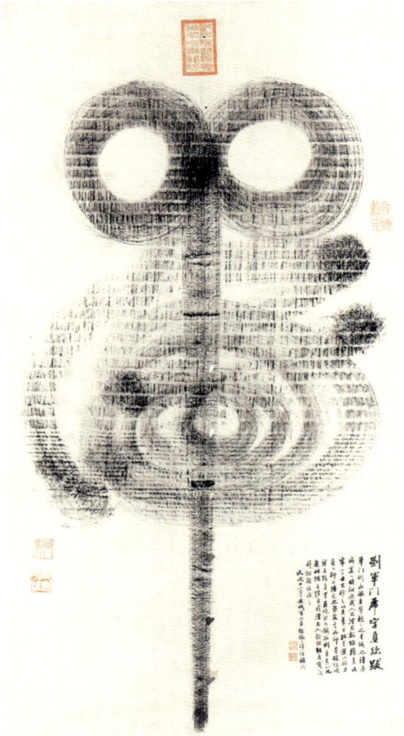
刘永福手迹

公元 1884 年 8 月，清政府正式对法宣战，尔后，收编了黑旗军，授予刘永福记名提督。公元 1885 年，清政府为了请刘永福率部回国，一个月内连下九次上谕，并赐予刘永福“依博德恩巴图鲁”和“三代一品封典”的荣誉。10 月，刘永福率三千黑旗军入关回国。次年正月，黑旗军在越南左育与法军援师血战，予敌重大杀伤后，也遭重创败溃。

刘永福旧居位于钦江边，取名“三宣堂”。其中还有一个感人的故事——两位民族英雄在战场相逢后以民族大义为重，一笑泯恩仇。公元 1886 年，冯子材修书力邀刘永福来钦定居：望君来钦建宅，永久居住，共商防法入侵之大事，共兴繁荣桑梓之大业，合我二人之力，誓作南天二柱，你在南我在北。冯子材还为刘永福选定钦州城南临江处建三宣堂。取名三宣堂是为了纪念刘永福援越抗法的光荣历史。三宣堂主建筑为晚清风格厢房，内有圣贤豪杰、文臣武将、彩凤仙鹤等一百多幅图画，四周有高墙炮楼，正屋前有广场照壁，与四周花草树木交相映衬，美观典雅。三宣堂是目前钦州市区现存最完整的清末建筑群，1996 年被定为“全国百家中小学爱国主义教育基地”。冯宫保第和三宣堂，一南一北守护着钦州城。

公元 1891 年，三宣堂落成。同年，冯子材第十一子冯相焜与刘永福次女完婚，冯刘二人成了儿女亲家。

刘永福旧居三宣堂旧貌

刘永福墓

延伸阅读

刘永福临终遗言

1917 年 1 月，经历了国家与民族忧患的刘永福在极度悲愤中溘然长逝，享年八十岁。刘永福临终遗言写道：

予起迹田间，出治军旅，一生惟以忠君爱国为本。无论事越事清，皆本此赤心，以图报称。故临阵不畏死，居官不要钱，虽幸战绩颇著，上邀国恩，中越均授以提督之职，居武臣极地，亦可谓荣矣。然予心惕惕，终不以官爵为荣，只知捍卫社稷，不使外洋欺我中国为责任。此身虽老，热血常存。现今国事日危，外强虎视。若中政府不早定大计，任贤选将，练兵筹饷，振起纲维，各省督军不知和衷共济，竭力为国，以救危亡，因循坐误，内乱交作，蛮夷野性，必乘机入寇，割据瓜分，亡国奴隶，知所不免。吾今已矣，行将就木，恨不能起而再统师干，削平丑类，以强祖国。儿曹均已成立，各宜发奋为雄，抱定强种主义，投军报效，以竟予未了之志。倘为国用，自宜竭力驰躯，不惜以铁血铸山河，强大种族，以期臻于五大洲最优美之国。若不能见用于时，亦宜将予之遗嘱，遍告当轴名公，求其入告大总统，务以尊贤任能为急务。远小人，贱货色，严边防，慎取舍；旁求山林逸才，延揽智谋健将；惜民力以裕财源，养民气以威夷狄；集群策群力，以鞭笞天下，则天下之尚力者，自然入我范围而不敢抗。如此，则国基巩固，国势富强，吾虽死，九泉之下，亦将额手而颂太和。

钦州广场刘永福雕像

天国女将英姿飒爽　万人争睹三娘风采

苏三娘本姓杨，是一个江湖卖艺女子，打飞镖百发百中，可谓英姿飒爽。当时灵山有一股天地会势力，首领叫苏三。苏三与杨姑娘相识之后情投意合，遂结为连理。杨姑娘亦改随夫姓，人称苏三娘。

太平天国起事前夕，苏三在灵山被仇家杀害。苏三娘带着一帮亲信到天地会请求帮助。天地会的长老考虑到苏三娘为夫报仇心切，认为她胆识过人，武艺高强，于是拨五百会众交由她指挥。苏三娘不负众望，不出几天便杀了仇家，一把火烧了凶手的家宅，自然也成了官府通缉的“女匪”。苏三娘从此拉起一支精壮的队伍，开始小规模武装起义，劫富济贫，锄强扶弱，驰骋于横县、钦州、灵山一带。当时灵山天地会群龙无首，长老们一致推举苏三娘为首领，带领天地会追随太平军抗清。

道光二十九年（公元 1849 年）冬，苏三娘率天地会两千多人到武宣东乡墟加入太平军，后来参加了金田起义。她带领士兵转战沙场，屡立战功，因战功显赫屡屡被提拔，很快位至女军军帅。在守永安、围桂林、打长沙、攻武汉、破南京等战役中，她英勇善战、所向披靡，一时声名大噪。甚至连清朝当朝状元龙启瑞也为之倾倒，曾赋诗《苏三娘行》，赞她“两臂曾经百战余，一人不落千人后”，“驰马呼曹意气豪”，“万千狐鼠纷藏逃”。

公元 1853 年 3 月 20 日，苏三娘骑着高头大马，率领太平天国女兵三千多人威风凛凛地开进南京城。南京城万人空巷，人们纷纷争睹苏三娘的绝色美貌和巾帼不让须眉之姿。

据说当时苏三娘着一身戎装，骑着高大的白马进入南京城，一时成为南京人茶余饭后的谈资。有诗为证：“城头鼓角声琅琅，牙卒林立旌旗张，东家西家走且僵，路人争看苏三娘。”

入主南京城后，苏三娘曾任女营副总管，协助洪宣娇管理女营。1853 年，苏三娘奉命与罗大纲各率男女军攻打镇江，战斗中她冲锋陷阵，飞身登城，其英雄事迹不胫而走，时有诗云：“绿旗黄幌女元戎，珠帽盘龙结束工；八百女兵都赤脚，蛮衿扎裤走如风。”

太平军夺取镇江后，苏三娘奉命镇守该城，指挥女军多次粉碎了清兵的反扑。战绩如日中天的苏三娘本可继续再创佳绩，但令人费解的是，咸丰四年（公元 1854 年）之后，威名赫赫的女将苏三娘从人们的视野中渐渐消失，史籍中关于她的记载从此销声匿迹。《天国志·列女传》对苏三娘的记载是：“乙荣五年（公元 1855 年）嫁与罗大纲，自后无闻”。

这个说法也得到了清人王韬的认同，他在所著《瓮牖杂谈·贼中悍酋记》中提到，苏三娘到江南不久，就与罗大纲结为夫妇。他们同时率天地会众投奔太平军，二人的结合可谓珠联璧合、相得益彰。但也有另外两种说法：一是苏三娘坚守镇江两年多，直至天京陷落，在镇江保卫战中，为太平天国英勇捐躯；二是她在太平军定都南京后随即展开的北伐战争中，因孤军深入而全军覆没战死沙场。

从那以后，这位当初天地会的女中豪杰、后来太平军的巾帼英雄，在史册上再无更多确凿的记载，给后人留下了许多怀想和思念。

苏三娘塑像

中山先生梦想成真　大港崛起运河开工

在距离钦州市区约三十公里的钦州港仙岛公园里，矗立着目前世界上最大的孙中山铜像。钦州人民之所以敬仰孙中山先生，不仅因为他是伟大的民主革命先行者，推翻了几千年的封建帝制，更因为孙中山先生在他的《建国方略》中独具慧眼，提出了在钦州建设仅次于广州的中国“南方第二大港”，还提出了构建中国西南铁路系统七条线路，其中之一为广州—钦州线；还非常有预见性地提出改良西南诸省汇至南宁的水路、整治钦州城区至钦州港河道的概念，也就是今天平陆运河的部分工程。

孙中山先生与钦州的缘分远远不止这些。

公元 1894 年 6 月，孙中山上书清廷直隶总督李鸿章，陈述“治国之大经，强国之大本”，但遭到李鸿章拒绝。上书失败使得孙中山“知和平之法无可复施。然望治之心愈坚，要求之念愈切，积渐而知和平之手段，不得不稍易以强迫”。在这之后至 1911 年武昌起义推翻清朝统治之前，孙中山先后组织领导了十次武装起义，其中四次与钦州有关，两次发生在钦州，且由钦籍人士参与领导。

由此可见，在孙中山先生推翻清朝、走向共和的伟大事业中，钦州发挥了至关重要的作用。

公元 1907 年初，那丽、那彭、那思各乡人民举行大规模的武装抗捐斗争。孙中山派王和顺到钦州发动起义扩大斗争，即“三那起义”。9 月，王和顺率领两百多人攻入当时属钦州的防城县，以“中华国民军南军都督”名义发布《告粤省同胞文》《告海外同胞文》《招降满洲将士布告》，申明以自由、平等、博爱为根本，扫专制不平之政治，建立民主立宪之政体，行土地国有之制度，使四万万人无一不得其所。革命军在战斗中扩大队伍至三千多人，但随后在进攻钦州府城和灵山等地时均因腹背受敌而失败。1908 年，王和顺在躲避清军追剿时，曾冒死前往刘永福的三宣堂避险，被刘永福藏于堂内。清军统领郭人璋带领清军前来搜捕，刘永福亲自出面，坐在堂中怒斥郭人璋为“小人”，并责令他离开，郭人璋无可奈何，只好领兵退走。当日深夜，刘永福派人护送王和顺安全离去。后来，在王和顺等人的介绍下，刘永福参加了孙中山领导的同盟会，而孙中山对刘永福的评价是："余少小即钦慕我国民族英雄黑旗刘永福！"

发生于公元1907年12月的镇南关起义，主要指挥者是钦州籍军人黄明堂。孙中山派黄明堂和关仁甫率革命军一百多人，联络清军中的内应，攻打镇南关，占领了右辅山的镇南、镇中、镇北三座炮台。孙中山则率领黄兴、胡汉民等人从越南河内赶到镇南关亲自督战。起义首战告捷。但革命军的枪械弹药不足，导致他们在面对清军四千余人的围攻时，无法有效应对。经过数日的血战，起义军在敌众我寡的情况下被迫突围，最终起义以失败告终。

公元1908年3月，孙中山派黄兴率两百多人组成中华国民军南路军攻入钦州，在钦州、廉州、上思一带几十个村镇之间转战四十余日，革命军队伍发展到六百多人，战斗中先后击败清军逾万人。后因弹药不济，革命军被迫宣布解散。

就在黄兴率领起义军转战钦州的同时，孙中山另派黄明堂等人率领从镇

南关撤出的革命军开赴云南边境发动了河口起义，攻克河口后张贴《中华国民军都督黄告示》，并分兵出击。革命军队伍由三百余人发展到三千余人，终因寡不敌众而失败。

这些屡战屡败的起义看似在做“无用功”，却有着非凡意义。首先，它们沉重打击了清政府的武装势力。其次，为武昌起义的成功奠定了坚实的基础，并为革命武装起义积累了宝贵的经验。此外，这些起义也促使革命党的组织更加完善，行动更加成熟，并形成了广泛的舆论影响。

民间传言，孙中山先生曾出现在钦州。这个传闻一直口口相传，直到一本书出现，这段尘封多年的历史才大白于天下。

这是一本在台湾出版的《陈智和回忆录》，作者是毕业于中山大学，曾任钦县教育局局长和广东省立钦州师范学校校长的陈智和。陈智和的家在钦州鱼寮东街的陈家大院。据陈智和回忆，小时候，家里来了三个神秘的客人，他们住在谷仓楼上，每天两顿饭都是由父亲一人负责，绝不让外人靠近。有一天，陈智和放学回家刚好见到父亲送饭上楼，便跟着爬上去，见到了这三位客人。其中一位穿着西装硬企领、打着蝴蝶式领带、留有八字胡的客人气

矗立于钦州港的孙中山铜像

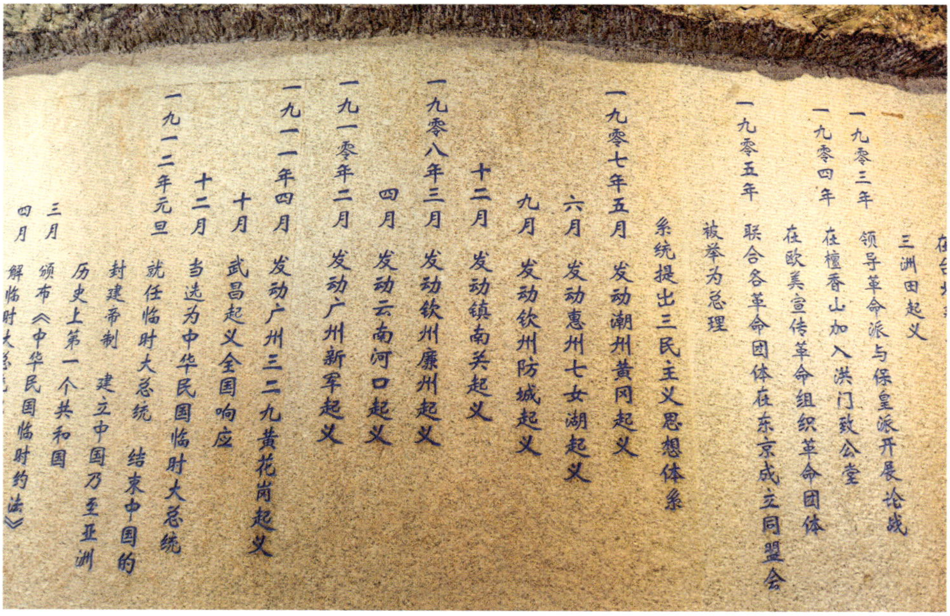

孙中山领导的武装起义

传闻孙中山曾在钦州鱼寮东街的陈家大院谷仓楼居住

1994年1月16日，孙中山孙女孙穗芳参加钦州港万吨级码头启用仪式

宇轩昂，他问陈智和的父亲：“这孩子是谁？”此人带有浓重的广州方言口音。父亲回答说是他的小孩，然后陈智和就被父亲赶下楼了。这三位神秘客人住了三四天后在深夜离开。直到民国初年，陈智和看到孙中山先生的照片，想起他很像那个讲广州话的客人，还记起父亲曾自豪地对他说过：“我们家来过皇帝！”再查资料，那年是镇南关起义期间，想是钦籍人士黄明堂为了安全起见，便带孙中山先生从偏僻小路逃走，以防清政府悬赏捕拿。孙中山先生一行先到黄明堂的家乡，然后乘小船沿江入海，六七小时即到达海防。

这段经历的复原令陈智和激动不已。

钦州人常常想起孙中山先生，当然主要还是因为钦州港和保税港的建设。

钦州本来下辖北海和防城，建成防城港和铁山港后，防城港和北海两市分别改设地级市，钦州又成了“有海无港”的城市。但钦州人一直珍藏着孙中山先生的《建国方略》，建设“南方第二大港”的梦想始终萦绕心头。

孙中山先生在《建国方略》中指出：“钦州位于东京湾（北部湾旧称）之顶，中国海岸之最南端。此城在广州即南方大港之西四百英里。凡在钦州以西之地，将择此港以出于海，则比经广州可减四百英里。通常皆知海运比之铁路运价廉二十倍，然则节省四百英里者，在四川、贵州、云南及广西之一部言之，其经济上受益为不小矣。虽其北亦有南宁以为内河商埠，比之钦州更近腹地，

钦州保税港一天填海四十亩的壮观场面

一天填海四十亩的钦州速度

然不能有海港之用。所以直接输出入贸易，仍以钦州为最省俭之积载地也。”

1991 年春天，钦州人民做出了一个惊世骇俗之举：勒紧裤腰带，砸锅卖铁建大港。没有彩排没有预演，一场当代“愚公”全民建港的序幕拉开了。小孩拿出所有的零花钱走向了捐款箱，老人排着长队捐出自己的养老金，农民扛起锄头自发上工地，工人风餐露宿日夜奋战，两个承载着梦想与光荣的起步码头终于史诗一般矗立于勒沟小渔村。这两个起步码头虽然简陋，但它是钦州人筑成的第一块出海基石，是钦州作为港口城市参与市场竞争的重要载体，也正因为有了这两个简陋的起步码头才使后来的一切顺理成章。

经过钦州几代人朝着“大港梦”所做的艰苦努力，国务院正式批准设立了中国钦州保税港区。钦州人高兴之余依然忧虑，还有几道坎要跨过：没有合适的陆地怎么办？往海里填！没有合适的港口怎么办？向海里连！没有深水的码头怎么办？在海里建设！技术上怎么弄？九九归一，那就是一个字：吹！吹沙填海，用管道把其他地方的沙子吹到填海点，慢慢堆积起来形成陆地。

崇尚实干的钦州人没有二话，说吹就吹。

先在填海点的周围用吹沙的方式堆沙造地。这不同于传统的挖土搬运，也不同于挖沙搬运，说起来容易，做起来不简单。用带有长长的管道的挖泥船或挖沙船的泵将圈外海底的沙水一起吹进目标圈内，海水流出圈外，沙就留在圈内，渐渐地，圈内的海面就被不断吹进的沙填成了陆地。近距离吹沙不用管道，远距离吹沙需要长短不一的管道，最长的延伸好几公里。陆地越来越大，到了后期，陆地差不多扩大到目标区的边缘部分了，便用一排排沙袋或钢板将一定长度的海面圈起来，并使用打桩船上的打桩机打桩固边。

同样，从钦州港通往钦州保税港区的公路，也是钦州人“吹”出来的。一辆辆红色的载重汽车源源不断地将建筑用材通过这“吹”出来的公路运送到海中间“吹”出来的一片陆地上。绞吸船运作起来，数米高的沙龙腾空而起，水退沙淤后便形成新的陆地。钦州的空气中弥漫着火热的建筑激情。

仅仅半年时间，钦州人民就在茫茫的钦州海域吹出一个“北部湾速度”——一天填海造地四十亩，一天海上修路六百米，七天建成一层楼，用现代高新科技吹出了斗转星移、沧海桑田的世纪神话。经过十多年的努力，吹出来的钦州港已经成长为亿吨大港，进入全球集装箱港口百强榜单，跨入全国港口接卸能力第一方阵，推动北部湾港集装箱吞吐量增速排名在 2022 年升至全国沿海主要港口第一、总量排名全球港口第二十八位。

建港捐款

钦州港建设场面

山里劈出来的进港大道

钦州港建港第一炮

吹沙填海造大港

建设中的平陆运河青年枢纽段

孙中山在《建国方略》中分段论述了与南方大港相配套的水运交通，而将他对钦江南北段的设想放在一起看，这竟然就是今天动工兴建的“世纪工程”平陆运河的雏形。

孙中山认为钦州位于中国海岸的最南端，距广州即南方大港四百英里。如果所有在钦州以西的省份选择钦州港出海，比经广州可以减四百英里。实际上，直到平陆运河启动建设的今天，钦州以西的货物如果要走水路，仍需走梧州至广州水路，较经平陆运河出海航程多出五百六十公里以上。

孙中山指出，改良钦州为海港须先整治龙门江，以得一深水道直达钦州城。其河口当浚深之，且范之以堤，令此港得一良好通路。此港已选定为通过湘、桂入粤之株钦铁路之终点。虽其腹地较之福州为大，而吾尚置之次位者，以其所管地区，同时又为广州世界港、南宁内河港所管，所以一切国内贸易及间接输出入贸易皆将为他二港所占，唯有直接贸易始利用钦州。

今天的广西钦州保税港区集装箱码头

对于平陆运河上游，《建国方略》的描述是："南宁者，广西南部之商业中心也。自南宁起，由右江用小船可通至云南东界，由左江可通至越南东京之北界。如使改良水道，以迄南宁，则南宁将为中国西南隅——云南全省、贵州大半省、广西半省矿产丰富之全地区之最近深水商埠矣。南宁之直接附近又多产锑、锡、煤、铁等矿物，而同时亦富于农产。则经营南宁，以为深水交通系统之顶点，必不失为有利之计划也。改良迄南宁之水道，沿河稍须设堰及水闸，使吃水十英尺之船可以通航，并资之以生电力。"

今日之中国，在中国共产党的坚强领导下，中国特色社会主义道路越走越宽广。期待已久的平陆运河也正式开工建设，孙中山先生如地下有知，当含笑九泉矣。

“大寺八哥”明堂上将 “双枪女杰”欧阳丽文

黄明堂是钦州大寺人，在家中排行第八，参加会党后，会众亲切地称他为“八哥”。

大寺位于十万大山下，村民以壮族为主，民风淳朴。黄明堂年轻时就显示出与一般人的不同，他胸怀大志关心时局，常常与人臧否时弊抨击权贵。初时他加入洪门，统领会众和散兵一百余人举旗起义反清抗法，常年活动于桂滇与越南边境。公元 1907 年，黄明堂在河内加入同盟会，追随孙中山进行革命活动，不久就被委任为中华国民军镇南关都督，随即参与了镇南关起义前前后后的活动。遭清军反扑合围后，革命军坚守炮台，历战七昼夜。因补给不足，黄明堂不得不率革命军撤离炮台，被迫退入越南。

黄明堂坚定接受孙中山领导，成为革命军的重要将领。自武昌起义后，黄明堂和妻子欧阳丽文一起追随孙中山革命，参加了黄花岗起义。1913 年孙中山发动“二次革命”失败，袁世凯派龙济光率军入粤。黄明堂不肯附逆，被迫出走澳门，从此开展倒袁活动。

黄明堂和夫人欧阳丽文

黄明堂（左二）、欧阳丽文（左一）与廖仲恺（右二）及其夫人何香凝（右一）在广州合影

1920年，黄明堂参与粤军驱逐陆荣廷桂系势力的作战，迎来了军事生涯的高光时刻。第二年，受命任粤军西南路司令，由钦州发兵追击桂军至龙州，大获全胜，被任命为广西边防督办，驻防龙州。同年秋，入桂粤军返粤，其奉命移驻钦廉。1922年任南路讨贼军司令进占廉江，生擒陈炯明部支队司令邹武。1923年后历任钦廉绥靖处处长、中央直辖第二军军长。1925年蒋介石上台，不久黄明堂辞职闲居广州。1938年日寇侵占广州，黄明堂回家乡钦州组织民众抗日，不料途中染病，于1939年逝世，终年七十二岁。

黄明堂的夫人欧阳丽文也是一位极富传奇色彩的巾帼英雄。她原籍广东顺德江尾，家中以采桑养蚕为生。清宣统元年（公元1909年），她赴香港探亲时进夜校学习，开始接受革命宣传。孙中山派黄明堂、王和顺等人由新加坡赴港组织革命力量，欧阳丽文积极响应，加入同盟会，苦练杀敌本领，善骑马使双枪，并对黄明堂产生了感情。宣统三年（公元1911年）秋两人成婚，婚后在黄明堂的引导下，欧阳丽文赴阳春策动标统黄甫文反正，武昌起义前由香港运炸弹及枪械入江门秘藏，武昌起义后潜入江门举事。黄明堂成立“明字顺军”，自任该军统制，欧阳丽文任炸弹队副队长。民国十一年（公元1922年）粤军总司令陈炯明叛变，孙中山委黄明堂为讨贼军南路总司令，欧阳丽文任讨贼军南路别动队司令。尔后，欧阳丽文随黄明堂回钦休养。黄明堂逝世后，欧阳丽文陷入贫困，但“誓不附蒋”，操劳家务，抚育儿孙。新中国成立后，欧阳丽文由大寺迁到钦州定居，曾任钦县政协委员，1973 年在钦州病逝，终年八十二岁。

黄明堂上将的墓地位于钦州市大寺圩以东的龙狗岭上，墓碑上刻有对联曰：“遗爱岂独桑梓，勋名不让刘冯。”

黄明堂夫人欧阳丽文的墓穴亦伴在其旁。

延伸阅读

巾帼英雄欧阳丽文

仲　衡

欧阳丽文是广东顺德人，少年时期与家人养蚕为业。1910 年，孙中山先生派杨万夫、黄明堂和王和顺由新加坡赴香港组织革命力量，欧阳丽文积极响应，同年加入了同盟会。1911 年秋，经何奕文介绍，欧阳丽文与黄明堂结婚，成为黄的继室。

武昌起义前夕，欧阳丽文经常由香港秘密运送炸弹、枪械入江门的修道院。武昌起义爆发后，欧阳丽文和黄明堂潜入江门发动武装起义，相继克复江门、阳春、恩平、台山等地，以响应辛亥革命。黄明堂团结会众成立了“明字顺军”，自任统制，欧阳丽文任炸弹队副队长。

不久宣统皇帝退位，南北议和大功告成。粤都督胡汉民任命黄明堂为“琼崖宣抚使”，欧阳丽文随军参赞军务。1922 年 5 月，粤军总司令陈炯明叛变革命，围攻总统府。时黄明堂驻防廉州、北海，孙中山先生脱险之后驻跸永丰舰，委任黄明堂为讨贼军南路司令，委任欧阳丽文为南路别动队司令。陈炯明专程派人赴北海饵诱，然而黄明堂和欧阳丽文不为厚爵丰金所动，并严词斥责来使。

1923 年 2 月，陈炯明被驱逐出广州，孙中山先生由沪回粤，重建大元帅府，遂任黄明堂为中央直属第二军军长，任命欧阳丽文为旅长。1938 年黄明堂上将逝世之后，欧阳丽文不辞劳苦，艰难抚育儿孙成才。

1959 年，欧阳丽文被选举为钦县政协委员，管理政协文史资料，继续为建设新中国贡献余热。1973 年，欧阳丽文在钦州病逝，终年八十二岁。

盛年五出三游钦州　白石老人半生情缘

一位世界文化名人，一座普通的岭南小城，一经相遇便终生牵挂，这是一种什么样的缘分？

正是“金风玉露一相逢，便胜却人间无数”。

1905 年 7 月，四十三岁的齐白石应广西提学使汪颂年之邀前往桂林、阳朔等地游览时，接到家书说四弟培纯、长子良元不知中了什么邪，相约一起到广州当兵去了，叫他赶紧去看看。于是他便取道梧州前往，到了广州后得知四弟与长子叔侄二人已随时任钦廉兵备道道台的郭葆生到了钦州。

一代文化名人与钦州的缘分自此开启。

谈及郭葆生，他与齐白石的友谊堪称深厚。其实，一直与外面的世界隔着一层纱的齐白石之所以开始游历山河，还是因为郭葆生的“忽悠”。郭葆生曾写一封长信给齐白石，信里说：“无论作诗作文，或作画刻印，均须于游历中求进境。作画尤应多游历，实地观察，方能得其中之真谛。……只能常作远游，眼界既广阔，心境亦舒展，辅以颖敏之天资，深邃之学力，其所造就，将无涯矣，较之株守家园，故步自封者，诚不可以道里计也。”

齐白石

在钦州见到两个亲人后，齐白石才知道他俩当兵也是被郭葆生“忽悠”的。为防止家人反对，他们先行前往广州。

既然来到钦州，老友郭葆生自然不轻易放过他。郭葆生高兴地说，把叔侄俩带到钦州，没想到居然把齐白石这条大鱼也钓上了。齐白石见叔侄二人对他的到来也不为所动，向家里报了平安，便安心留了下来，因为钦州这个南方小城的风土人情还挺对他胃口的。

郭葆生本也会画几笔花鸟，虽然绘画水平一般，但官场中亦真亦假，倒有很多人向他讨画，郭葆生也乐得接这风雅之事。齐白石一来，郭葆生就让齐白石代他捉刀，当然也不是白干，郭葆生给了一笔不菲的润资。齐白石留

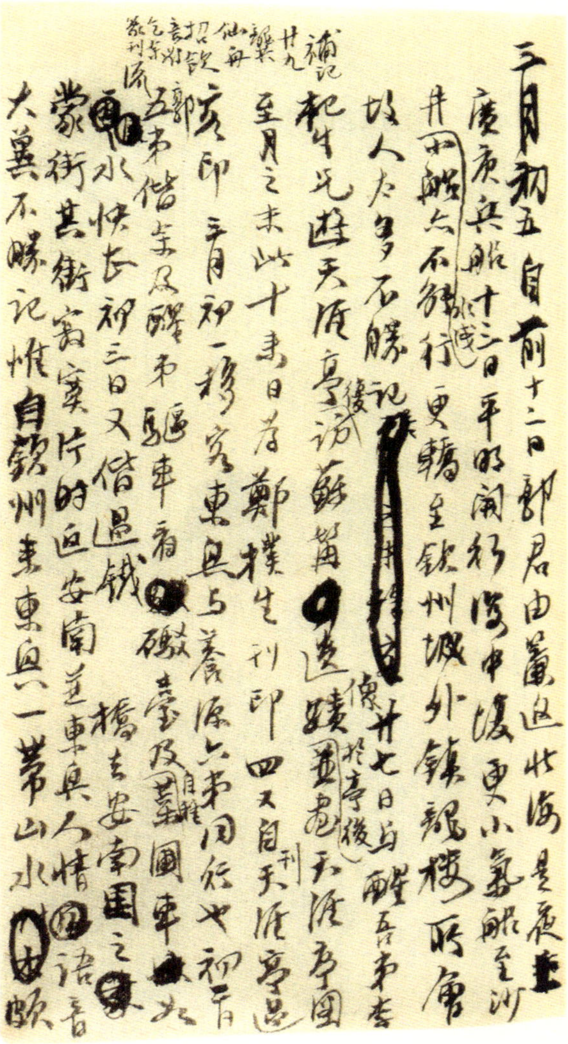

齐白石《寄园日记》中记述的钦州

在钦州还有另一个任务，就是教郭葆生的如夫人画画。郭葆生手中还有一批八大山人、徐青藤、金冬心等名家的真迹，足以让齐白石观看揣摩临摹一段时间。齐白石便有些乐不思蜀，不知不觉在钦州一待就是数月。

齐白石见四弟与长子在郭葆生手下做事顺心顺意，便决定独自回湘。这回钦州之行，齐白石囊中颇有收获，回到家便买了一所破旧房屋和二十亩水田，在四山围抱之中，风景很是优美。齐白石将破旧的房屋翻盖一新，取名为寄萍堂；堂内造一书室，取名为八砚楼。

搬进新宅不到一个月，他的大儿媳生了个大胖小子，也就是齐白石的长孙。意外添丁，齐白石心境便舒展开来，认为钦州之行与财旺丁兴有着直接的关系，因此对钦州有了特殊的感情。

清光绪三十三年（公元1907年）春，一直挂念着钦州的齐白石转道广西梧州，乘船再次来到钦州。这一次来钦州，他对这个地方已是心生依恋。

在钦州的日子，齐白石仍是教郭葆生的如夫人画画，兼给郭葆生代笔。郭葆生外出时也带上他一起，到过肇庆、高要、东兴，顺道到了越南芒街。虽然当时的芒街人迹寥寥，但毕竟也是未曾见过的异国他乡，听着完全听不

齐白石在钦州的住所在镇龙楼附近，后来成为钦州一中。这是镇龙楼在二十世纪八十年代的模样

齐白石的湘潭故居

懂的语言倒也有趣。看到几百株将天映得都绿了的野蕉，齐白石便兴致勃勃地画了下来。更让齐白石兴奋的是，回到钦州正值荔枝上市，累累果实分外好看。红红的荔枝像是一个红红的绣球，重重地击中了齐白石的心，自然入了齐白石的画。在一幅荔枝图上，齐白石特地题字：钦州归后始画荔枝。还有人拿荔枝来换齐白石的画。有个歌女非常欣赏齐白石作画，常常剥荔枝给齐白石吃。这些温馨场景在齐白石眼里是非常风雅的事情，因此专门赋诗一首以纪之："客里钦州旧梦痴，南门河上雨丝丝。此生再过应无分，纤手教侬剥荔枝。"

钦州再好毕竟是客里的钦州，夜里频梦终究是对故乡放心不下。某天登临曾让自己留下"天涯亭过客"印章的钦州城外天涯亭，忽然让齐白石涌起游子之思。此时已是冬月，他动身回家，回到家中已是腊鼓频催的时节。

但很快齐白石又开始想念钦州了。宣统元年（公元 1909 年），四十七岁的齐白石再次来到钦州，这次一直住到夏天，饱尝钦州荔枝之后他赞不绝口，他认为，广州的荔枝真是水果中的第一俊品，但钦州产的比广州的还要胜过一等。

荔季已过临近入秋，齐白石才带着四弟和长子离开。

齐白石一生五次出游，后三次都来到钦州，客居时间长达两年多。晚年的齐白石思念钦州不止，虽然是耄耋之年仍心有所系，于是赋诗一首：“此生无计作重游，五月垂丹胜鹤头。为口不辞劳跋涉，愿风吹我到钦州。”

齐白石自称“天涯亭过客”

齐白石钦州归后始画荔枝

民国钦县年轻县长 倡建骑楼拓宽钦城

钦州老街以中山路、占鳌巷为中心，一至四马路为重点，几乎都是骑楼建筑。2021 年，钦州市对钦州老街进行修缮。修缮一新的骑楼街五颜六色，很多人觉得好看，也有人觉得奇怪或者不伦不类。他们想不到的是，这些骑楼街当年其实就是彩色的。

中山路是钦州城区保存得最好的一条老街，这里保存较为完整的骑楼有一百四十多间。但是，由于抗战时期战火频仍，特别是缺乏有效保护及修缮管理，因而时不时发生火灾，对骑楼的重创难以估量，造成其墙面脱落、满壁灰黑、杂草丛生，瓦面严重损坏，墙体坍塌。近年来，钦州市委、市政府在提升城市品质的过程中，重点对这段老街进行恢复、修缮、保护。在对中山路、一至四马路、占鳌巷、板桂街等老街的重新修缮中，施工队伍先对老街骑楼的墙体进行了清洗。这一洗竟发现了“新大陆”——原来老街骑楼竟然是彩色的！有湛蓝、草绿、鹅黄、少女粉等。因此，有关部门将骑楼街的颜色进行恢复，老街很快晋升“网红”新宠。

彩色骑楼街的最初倡建者是当时年仅三十岁的钦县县长章萃伦。

章萃伦 1904 年出生于钦州城郊桐油坪村。他自幼品学兼优，七岁就读于钦州城内两等小学堂，四年后以优异成绩直升高等小学，十四岁考入钦州中学，钦州中学校长正是他的父亲章正枢。1919 年，北京爆发五四爱国运动，章萃伦参加了钦州城内的游行声援。中学毕业后，章萃伦考入广东大学（后来经多次合并后并入中山大学）。

大学毕业后，章萃伦曾回乡任钦州中学校长。他对当时的腐败政府非常痛恨，经常到民众中发动农、工、商、学、妇参加革命，赶走了贪官县长刘君厚。1926 年夏，章萃伦重返广州从事税务工作，在广东佛山、沙茭、新会等地担任烟酒事务分局局长等职，后来到广东省民政厅当秘书。1932 年，章萃伦被任命为钦县县长。

年纪轻轻的章萃伦带着新派思想和新派作风回到家乡，开始履职，回报家乡。面对当时复杂的旧体制，章萃伦非常明白，在工作过程中会触及他人的利益，自然会遇到很多阻力，所以应该和上下搞好关系。他和科、局职员一起坐厅办公，日夜加班加点，对每份文件都亲自批示，坚持不留积案。他带头穿蚁口布制服，崇尚节俭，在廉洁奉公的同时，和同僚下属打成一片，生活中不分尊卑，和各科室长轮流值班，一起在食堂排队打饭，边吃饭边交换政务意见。

章萃伦经常对人说，近代钦州武功人才辈出，比如冯子材、刘永福，战功显赫、威震寰宇，但在文科人才方面寂寂无闻，所以钦州必须振兴教育。他在全县完善教育普及基础，乡有乡校，保有保校，方便当地适龄儿童入学，还不断引入新式的教育仪器。钦州历史悠久的东坡书院，于民国初期改为广东省立钦州中学，后在章萃伦努力下，学校改称广东省立第十二中学。章萃伦还举荐广州人章泽柱担任首任校长，并争取省教育厅拨款补助学校，聘任品学兼优的中学教员任教。章萃伦排除当时一些非议，开办普通高中班兼收女生入学，增办中师班培养小学师资，还首次创立教师退休制度。1931 年，学校增办中师班，招收女生与男生同班就读，此事吓坏了传统保守的老派人士，

章萃伦主导建设的大南路骑楼街（摄于民国时期）

章苹伦争取拨款修筑的合钦公路桥梁建设场景

耀垣图书馆，1973 年的写生作品（杨幼奇画）

掀起轩然大波，非议不断，但章萃伦不为所动。

为推动钦州的体育运动，章萃伦高薪聘请广东远东运动会排球选手来钦主持体育工作，要求各学校注重体育训练。1933 年暑期，首届全县运动大会举办，有篮球、排球、足球、田径等项目。

章萃伦还筹建了耀垣图书馆，这是为纪念他父亲章正枢而募捐建造的，内藏图书两万多册。1939 年日军占据钦州，大部分珍贵图书被毁。后来章萃伦还创办了钦县的《半周报》。

见过世面的章萃伦主导城乡架设电话网，使全县四分之三的乡镇都用上了电话。他知道交通的重要性，1934 年开始修筑钦防、钦屯公路。第二年，他争取到广东省府拨款二十万元修筑钦防、合钦公路，开始用上了当时还很时髦的钢骨三合土（钢筋混凝土）建桥梁，比如当时的五里桥就是钢骨三合土结构。

章萃伦在任期间，钦州发生了历史上罕见的水灾，其中青草坪村遭受了灭顶之灾。他积极申请拨款救济，并组织修复海堤、做好善后、恢复生产，在百姓间留下很好的印象。当然，他常常被老街的人们提起，是因为他主导了对钦州老街的改造。

对钦州城进行完善改造，是章萃伦所做的一件大事。

鉴于当时城区内的中山、大南、五湖三条新式马路均为土质路面，雨后路面泥泞，交通不便，1933 年，章萃伦将三条马路全部改为水泥路面。第二年，又将南北向的濠坝街、平南街、华安街、惠安街两侧民房拆除，拓宽裁直，修筑新式马路，命名为民族路，并从二马路码头起筑东西向马路接通大南路，再延伸至西门岭与钦邕公路相接，当时称为大德路，也就是现在的二马路。同时，从三马路码头起筑东西向马路与大南路相接，成为三马路。再将大南路延长至盐埠街，并从四马路东路口对出江边起开辟东西向马路，连接攀桂街及大南路，称为四马路。除四马路外，所有新建马路均铺设水泥路面。

在改建街道的同时，章萃伦按户测勘，要求临街商铺和住户出资将其原有旧式房屋改建为新式骑楼，至此，钦州城南门外形成了以民族、大南两条南北向马路和一至四马路四条东西向马路构成的“目”字形街道格局，民族、大南两路及一、二、三马路则形成骑楼街区。民族路房屋多为两层，少数为三层，是经营商业的闹市街，较大的商行、烟庄多设于此。酒楼、旅社、菜市、书店多分布于大南路。这个格局与今天老街的格局基本相同。

1945 年钦城航拍图中的一至五马路范围

章萃伦大力倡导钦州沿街两边修建骑楼，以达到规模的街市格局，居民的住处也达到上楼下廊，骑楼下廊廊相通的市貌。刚建成的时候，各骑楼有不同的外墙涂色，每间骑楼都有各自的风格，既有越南民居风格，也有巴洛克和伊斯兰等风格，有些还是花巨资请来的南洋工匠所建。在民国时期和新中国成立以后很长一段时间里，骑楼街都是钦州最热闹的商业中心，那时就有了“不到中山路就等于没有到钦州”的说法。当然，那时候的骑楼已不再是彩色的，因为在民国新生活运动中，钦县公安局钦城分局发布通告，要求各商店一星期内必须将所住铺屋门面用白粉刷新，如有拖延强制执行。至此，骑楼全部成为白色，直到当今可爱的彩色老街重现。

1935 年，章萃伦调任台山县县长，因积劳成疾，1936 年赴香港就医。1937 年因病情恶化，病逝于香港，终年仅三十三岁。

如今一至五马路俯瞰

名贤兴学代代赓续　远山天涯书香绵延

自唐宋开始，钦州城乡渐次兴起私塾、社学、义学、学宫、书院，这些官办学府培育了一代又一代钦州才俊。同时，钦州各代名贤对教育的重视与执着，也使钦州这个“去京师万里”的“天涯瘴海滨”逐渐接受教化，一些精英甚至成为各朝代的佼佼者。

钦州历任州官大都重视教育，建学校、请老师，甚至自己亲自上课，上演着一个又一个尊师重教的感人故事。

隋开皇十七年（公元 597 年），桂州总管令狐熙要求钦州刺史宁长真开

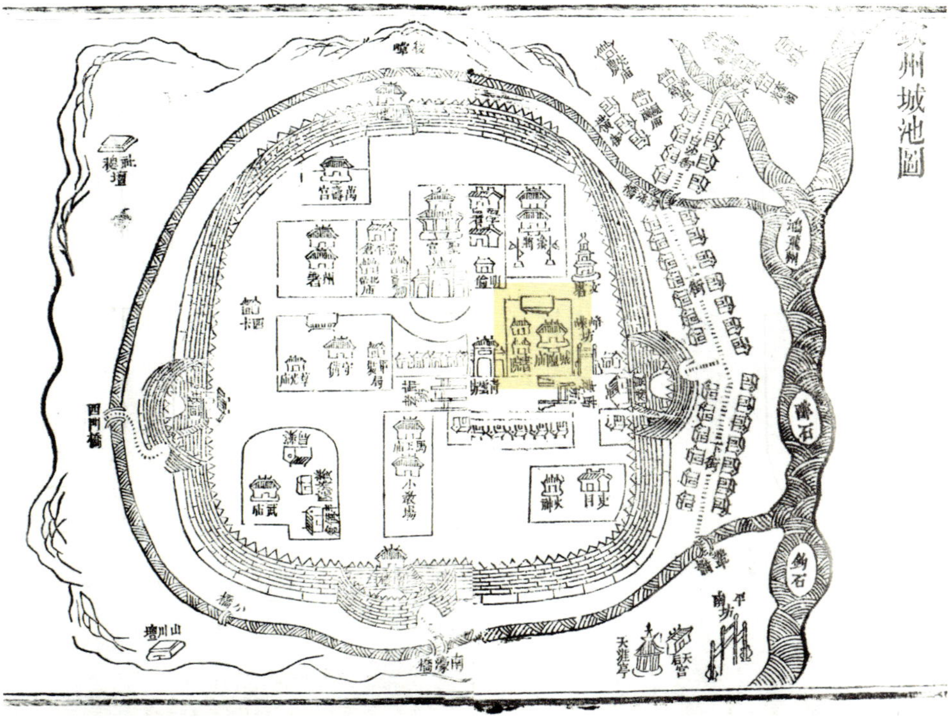

旧志书里的钦州城图，其中从书院所处位置看可知当时的重视

设学校教化百姓，这是钦州有文字记载的最早的官府办学。钦州的学校自唐之后称为“学宫”，学宫是官府创办的学校，以儒学为主要学习内容，兼学六礼。古时候的小学，叫“社学”，到清中期，钦州共有社学三十间。明代知州林希元特别重视教育，一共建社学十八间，还拨给每所社学公田二十亩作办学经费。明代乡贤杨冠远在平乐府任知府，也关心钦州教育事业，多次斥资置办钦州文庙的设施设备，被载入史册。

学校还有义学，称为义塾义馆，靠义田义地义捐或祠庙公产或集资兴办，免费招收贫寒子弟入学，教材与社学基本相同。知州程鼎、董绍美、李绶彤等均办过义学。

清末，学宫、社学和义学以及私塾慢慢消失，各种书院渐次兴起。书院以培养科举人才为目标，同时又是地方藏书之所。书院没有统一的学制和教学计划，一般以科举考试科目为主要学习内容。聘请学识水平高、富有教学经验的举人、贡生为导师讲学施教。书院的学生称为“生员”，修业年限三至四年不等，一般到科举考试前。部分书院还兼作祭祀先贤的场所。书院经费主要来自官府划定的学田收入和各界人士的捐赠。筹建人广集捐款后，建筑院舍，购置田产，出租生息，以维持办院经费及资助应考科举的生员。清代，钦州共有书院三十八所，其中，城区及附近十五所，灵山七所，浦北十六所；有社学三十间、义学八间。

清末“废科举，兴学堂”后，本地书院先后改办中小学堂或停办，其财产由所在地的中小学堂继承。

千年滚滚红尘中，为钦州教育力撑一片净土的人和事，颇令人动容。

岳飞第三子岳霖在钦州任职期间，大兴教育事业，拓建学宫。《钦州志》记载：“儒学旧在城南门外，宋治平元年移建城东门外，崇宁三年建三舍，以其狭隘，徙于州南。淳熙四年，知州安阳岳霖拓而重建。”重建学校后，还特请著名学者周去非任该校第一任教习，请学者张南轩作《记》。《记》中说：“安阳岳侯霖为钦州知，明年，政通人和，乃经理其州之学，悉其故之卑陋，庙庑整齐，次第一新。”“钦之为邦，僻在海隅，地近夷而俗尚利；缝掖之士，盖鲜有焉。唯侯不敢以其陋而加忽也，故新其学以劝之。”岳霖就是要为钦州培养人才，淳化风俗。“详其训迪，以明夫人伦之教，圣贤之言，行薰濡之渐。”岳霖兴学，无疑是为钦州人民办了件大好事。

明代钦州乡贤黄秋槐少年好学，品学兼优，拨贡出身。初任梧州府教谕，

钦师旧校址（杨幼奇的写生画）

后擢升教授。他因材施教，设立学费减免制度，聪明勤学的一律免交学费。同时，黄秋槐十分关心家乡的教育事业。万历四十二年（1614 年），他将祖传租谷八千五百斗的田产捐给了钦州儒学，作为办学永久基业。他这一行动甚得世人赞颂，朝廷也大加褒扬，立为典范。三百多年后，这份田产由钦州地方当局批准拨交广东省立第十二中学，该校后改为广东省立钦州师范学校，后再改钦州市民族师范学校，此田产便成钦师校产。该校的图书、仪器、桌椅、床铺及学生的助学金均由田租支付。黄秋槐去世后，与其父黄环合葬于钦州细马鞍猫背岭。此后，明、清、民国钦州的学官师生，每年清明及重阳节都到其墓祭拜。

清代抗法英雄冯子材，一生戎马倥偬，却不忘桑梓教育事业。其关心支持地方教育、造福社会之事，至今传为美谈。过去的钦州，士子参加科考需到其他府治应试。冯子材取得震撼中外的镇南关大捷后，受到清廷嘉奖，晋京面圣，申奏了钦州人每科赴廉州考试的艰辛情况，提出在钦州设立考场开科的请求。清廷念冯子材抗法有功，准予所请。但具体操办时，发现钦州仅辖钦县，人口和钱粮都达不到开科考试规定的要求，便又把灵山的青塘、菩堤、秋风、搏莪四个团练拨给钦县管辖；另把钦县西南边区的两个司设置防城县；把钦州升为直隶州，辖钦县、防城两个县。凑足规定的人口数和钱粮数后，于光绪二十三年（公元 1897 年）在钦州贡院、大校场分别考试文武生员。钦州从此有了考场，为地方选拔人才提供了方便，但每科所给钦州取士的名额数量不多。州庠生章正枢在拜会冯子材时提出：“每期考试举士，朝廷只规定钦州十八名名额，请宫保大人申奏，多加录取为幸。”于是，冯子材又向清廷提出增加录取名额的请求，得到批准。从此，钦州举士从原来每科录取十八名增加到三十六名。

曾随冯子材襄理文牍的方凤元向冯子材提出，在小董建立书院，课育士子，

铜鱼书院

大朗书院

培育人才，造福社会。此建议立即得到冯子材的大力支持，并即命方凤元专董募捐建院之事。于是方凤元奔走于各地，发动乡绅、富户、富商、村民捐款捐谷，建院兴学。前后共筹得稻谷三千八百大斗，经过多方努力，在小董建成了铜鱼书院。嗣后，铜鱼书院对课育士子、造就人才发挥应有作用。

文教事业的发展，让钦州人才辈出。唐至清共出贡生一百九十一人、举人七十二人、进士十四人。唐代宁原悌、姜公辅就是杰出代表。宁原悌在京都任职三十多年，官至谏议大夫，兼修国史。他敢于直面现实，如实反映历史，为朝野所倾仰。姜公辅学识过人，名震京都，深得唐德宗器重，被封为同中书门下平章事（摄宰相职务）。清代冯敏昌天资聪慧，被内阁学士翁方纲誉为“南海明珠”，三十二岁中进士，授翰林编修，与张锦芳、胡承常并称“岭南三子”。冯敏昌的诗文累计百多万字，而且，他还是嘉庆皇帝的老师，后来放弃北京任职机会，选择教书育人，入主端溪书院任教，后又主持粤秀书院、越华书院。同时他关心家乡，乐善好施，捐钱办义学，捐谷建义仓，家乡回澜书院、凌云书院皆在他的主导下重建，他还在北京倡建廉州会馆，为赴京考试、求学等乡人在京提供方便。

延伸阅读

浦北文史之旅（节选）

潘　琦

书院是浦北古代教育兴盛的标志，古代书院数量之多，分布范围广，兴学持续时间之长，居广西各县之首。《浦北县志》记载，清朝中后期是浦北书院建设最兴盛时期，全境建有十六所书院，遍及许多小镇街道。真可谓书香胜地。

浦北书院建筑都相当精致，但由于诸多原因，毁坏的多，完好的少，目前一部分正在修葺。引起我们注目的是至今保护完好的大朗书院。书院建于光绪二十五年（公元 1899 年），迈进书院正门，一副书写端正的藏头对联映入眼帘——“大成声振尼山铎，朗润文方浦水珠”。字意词句对得非常工整，内容十分丰富，把书院文风朗润的形象概括一清二楚。

这所百年书院坐北朝南，建筑格局规整有致，风格古雅简洁。让我印象最深刻的是书院里的对联，且多为藏头联。大门走廊石柱上的长联立意高远，含义深刻。上联："大开珊网，宏收宝物千枝，要培成管乐奇士，兴我国家出力"，下联："朗膜冰壶，撒印道心一片，莫误认陆王宗旨，坠他佛老空谈"。整个书院"大朗"藏头联就有六副之多，这些对联彰显出大朗书院深厚的儒家风尚和人们对教育事业的满腔热情，成为广西教育史上的一大亮点，浦北人文历史的一道景观。

在小江瓷上绘制的浦北县古代十六个书院

“光杆司令”迎战日寇　劣势逆袭“振旅岩疆”

1939年11月，日本侵略军在钦州沿海登陆，占领邕钦公路，南宁沦陷。危急时刻，蔡廷锴将军率第二十六集团军进驻灵山，总司令部设在灵山三海岩、穿镜岩。

威名赫赫的抗日将领蔡廷锴1892年出生于广东罗定，早年投身孙中山的革命活动，曾参加第一次北伐、讨伐桂军沈鸿英及东征讨伐陈炯明等。1932年，担任第十九路军军长的蔡廷锴在淞沪抗战中一战成名。1933年11月，他同李济深、陈铭枢、蒋光鼐等在福州成立抗日反蒋的中华共和国人民革命政府，任人民革命军第一方面军总司令。1935年参加中华民族解放大同盟，为最高负责人之一。抗日战争时期曾任国民革命军第六集团军副总司令、总司令，两广边境司令，在两广指挥作战。

“光杆司令”蔡廷锴

蔡廷锴此次进驻灵山属于临危受命。除司令部外，第二十六集团军是一支临时抽调组成的部队，军令不畅，难以指挥。随后蔡廷锴又接手了几支各方拼凑的部队，其中一支还是刚在钦县由民团组成的。

蔡廷锴就在此窘境中奋起抗日。他要凭借这点兵力去扼守上千里长的防线，而且面对的是装备精良的数万日军。1940年1月10日，日军从广

第二十六集团军总司令部所在地穿镜岩

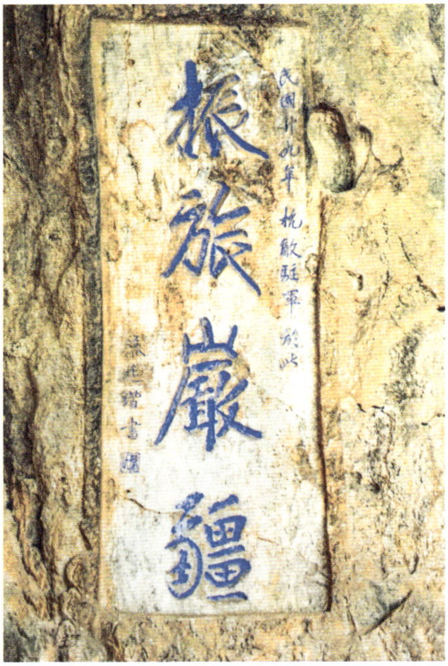

蔡廷锴手书的“振旅岩疆”碑

州调近卫师团第一旅团、第十八师团一个旅团等部一万五余人驰援昆仑关被困日军，蔡廷锴率第二十六集团军在灵山四峡坳开展阻击战。1 月 4 日，增援日军在钦州湾登陆。蔡廷锴将他的指挥所向前线推进三十公里直到那隆，靠前指挥。

1 月 16 日，日军先是派出十二架飞机轮番扫射轰炸，掩护地面日军分三路向灵山泗峡坳进攻。蔡廷锴迅速部署部队集结，但他的第四十六军主力还没有赶到，日军就抢先全面进攻，灵山西南部枪声四起，总司令部几乎与各部都失去了联系。泗峡坳一战异常惨烈，苦战了三天三夜。蔡廷锴在各方面都处在劣势的情况下，仍毙敌中队长吉田三郎等官兵三百四十多人，伤敌一大批，俘日军官浅田大尉，缴获大批战利品，由此军威大振。当然，抗日将士也付出了巨大牺牲。战斗结束后，当地群众将阵亡的将士遗体合葬于泗峡坳上，蔡廷锴组织军民共同修建了将士公墓、纪念塔、碑廊和武扬亭。

泗峡坳战斗后，参战部队陆续脱离第二十六集团军编制，能归蔡廷锴调配的，只剩下他亲手组建的地方游击队。不久，第二十六集团军总司令部改为粤桂边区总司令部。

1940 年 9 月 16 日，蔡廷锴手书“振旅岩疆”并请石工凿于穿镜岩上，上款为：“民国二十九年抗敌驻军于此。”下款为：“蔡廷锴题”。“岩疆”指的是这一带岩石山峦的疆域；“振旅”二字源自岳飞的《五岳祠盟记》：“……今又提一旅孤军，振起宜兴，建康之役，一鼓败虏，恨未能使匹马不回耳。……”他以民族英雄岳飞为楷模，鼓励军队奋发抗敌、保卫国家。虽然蔡廷锴黯然离开了灵山，但他在艰苦的条件下抵御外侮并取得胜利的故事一直铭记于人们心中。

蔡廷锴为合葬在泗峡坳阵亡将士组织建造的公墓、纪念塔、碑廊和武扬亭

广西民间抗日首村　勇杀敌寇忠义可风

1939 年 11 月 15 日，对于钦州来说是一个非同寻常的日子，它注定会写进历史。

这一天，侵华日军在钦州龙门、防城企沙港一带强行登陆，日寇的铁蹄踏上了钦州这片肥沃的土地。从此，钦州各族人民高举大旗，不怕牺牲，英勇抗日，保家卫国。

在日军向钦北入侵的过程中，所到之处奸淫掳掠，杀人放火，无恶不作。钦州板城屯茂村村民罗相南等七人就活活惨死在日寇的屠刀下。这激起了屯茂村村民的愤怒，罗姓乡亲在罗华国、罗焕南等乡绅的组织下，火速成立了

屯茂义勇抗日壮丁团组织者之一——罗华国

第四战区为屯茂村颁发的“忠义可风”匾额

屯茂村革命前辈的后人身穿红军服在弹痕累累的炮楼前合影纪念

屯茂抗日义勇壮丁团指挥部旧址瑞竹堂

屯茂义勇抗日壮丁团。罗焕南任团长，罗华国任副团长。壮丁团的成立得到乡亲们的拥护，屯茂村周边民众纷纷加入队伍，人数从四百八十多人发展到一千多人。

1939 年 11 月 21 日，日军又来掳掠屯茂村，照样是杀人放火、无恶不作。壮丁团迅速行动应对，分队长罗桂香受命率领小分队迅速占领有利地形，伏击日军，打响屯茂抗日第一枪，拉开屯茂村民间抗日的序幕。

屯茂抗日壮丁团巧妙运用户户院落和房屋相通的有利条件，设置炮楼、岗哨、各种炮眼和枪眼、内外两层坚固的城墙以及坚固的大门，让敌人无法靠近，运用各种防御战、偷袭战、伏击战、堡垒战、游击战等战术，机动灵活地有效打击来犯之敌。自 1939 年冬至 1940 年 11 月一年的时间里，与日军作战三十多次，战功卓著，大大提振了钦州人民群众抗日必胜的信心。

在日军败退钦州后，国民革命军第四战区司令张发奎曾在小董召见罗焕南、罗华国及其他壮丁团代表，并亲自给壮丁团题字，赠“忠义可风”匾额一幅，事后将壮丁团的英雄事迹汇报国民政府。

近年，有关学者、专家多次前往屯茂村考察，查看了六百多间被日军烧毁的民房废墟及因抗击日军被炮火打得弹痕累累的村庄堡垒，访问了村中的老人，经反复研讨论证，一致认定屯茂村为广西民间抗日第一村。

散尽家财抗日救国　世聪二叔壮烈捐躯

张世聪别名“二叔”，是大名鼎鼎的抗日英雄。

1909 年，张世聪出生在浦北县大成镇勾刀水村。他家祖上留下不少田产，祖父建有铁锅厂，在当地算是比较富裕的家庭。在这样的家庭环境下，张世聪自小就接受较正规的教育，勤奋好学，不甘心做“富二代”，并于 1935 年考取了广州国立中山大学。在大学里，张世聪不断接受进步思想，表现了出众的组织能力和活动能力，多次参加和组织抗日救亡运动。

1938 年 5 月，张世聪加入中国共产党。同年 10 月，受党组织的委派，张世聪回到离家乡不远的白石水地区建立地下党组织，开辟抗日革命根据地，号召人们积极投入抗日阵营中。张世聪以办学校发展家乡教育事业为由，多方联络各界人士，宣传抗日救国思想，还以兄弟会、姐妹会等形式，组织群众团结互助，帮助群众解决了很多难题。由于张世聪在家排行老二，当地群众无论男女老少，都尊称他为“二叔”。在张世聪的努力下，白石水地区的革命力量不断壮大，为抗日游击革命根据地的建设奠定了坚实基础。

张世聪

1940 年初，白石水原乡长梁文光等人勾结奸商，抢购大米，用船运往外地卖给日寇，引起了群众的义愤。张世聪等人召集武装民兵、师生及农民共两千多人在白石水圩召开大会，向当局提出禁止运米资敌，还组织群众分头拦截大米出境，开仓放粮，平抑物价。种种义举震惊了国民党当局顽固派，合浦县县长李本清亲自带领县自卫大队和几个乡队一千多兵马对白石水区进行武装镇压。国民党军的“围剿”更激起了张世聪的斗志，他做了多场激动人心的演讲，宣传中国共产党

张世聪建立的六万山第一党支部柑子根支部今貌

白石水抗日武装队伍整编时的旧址

坚持团结抗日的主张，使群众决心与来犯之敌血战到底。

为了支持革命活动，张世聪不惜卖掉自家的田产，用得来的资薪购买了两把德国造的手枪给武装部队使用。他还做通经营铁锅厂的叔父的工作，让有困难的革命群众到铁锅厂吃饭。张世聪一心扑在工作上，却顾不了自己的小家。当国民党军洗劫勾刀水村时，张世聪的家被烧毁，母亲遭受迫害含恨死去，胞弟张世柏在战斗中牺牲，胞兄张世河遭此劫难后精神失常。张世聪的妻子被迫带着三个年幼孩子跋山涉水到亲戚家避难，颠沛流离，居无定所。为了顾全大局，张世聪只能强忍巨大悲痛，带领新组建的队伍与国民党军周旋，血战到底，接连挫败了国民党顽固派的第二、第三次“围剿”。

在榄檬坳一战中，张世聪不幸中弹牺牲，但为了稳定军心，消息一直没有公开，直至革命胜利，亲友们才得知他已离去，大家万分悲痛。

前赴后继投身革命　邓氏一家满门忠烈

灵山县萍塘村的邓济宜是个地主，家产颇丰，但是他的思想进步开明，非常拥护共产党。

1908 年，邓济宜的儿子邓业懋出生。邓业懋长大成人后最先走出村子接触革命，从此，他带回的火种开始在整个村庄燎原。在抗日战争和解放战争中，全村人做出了巨大的牺牲，其中邓业懋兄弟姐妹五个都先后参加了革命。

邓业懋从小天资聪敏，勤奋好学，秉性坚强，富于正义感。六岁时就跟本村一位先生读书识字，十多岁时就会写文章、诗词、对联等，每年春节为村民们写的对联深受喜爱。

邓业懋在檀圩小学读高小时，校长钟冠群、校董陈筹芳不但贪污学生伙食费，还在学校宿娼，道德败坏，学生十分愤慨。邓业懋带头发动二十名学生用大字报予以无情揭露。钟冠群等恼羞成怒，与国民党灵山县政府勾结逮捕邓业懋等八名学生。邓业懋等人据理力争，同班同学也集体罢课声援。在强大的舆论压力下，当局不得不将邓业懋等人释放，但还是开除了他们的学籍。

邓业懋

邓业懋当然也不愿意再在这样的学校待下去。1934 年夏，邓业懋与弟弟业兢考入广东省立廉州中学。他们在廉州中学阅读了许多革命书刊，开始接受马克思主义思想。

1937 年寒假，邓业懋回到灵山，与莫平凡、黄文法共同组织灵山抗日宣传队、灵山青年抗敌同志会，活跃在灵山城乡。1939 年 11 月，邓业懋终于如愿以偿在廉州中学加入中国共产党，他还动员组织两千多名群众开展反运米资敌的斗争。从此，邓业懋成为国民党当局的眼中钉肉中刺。国民党合浦县政府派自卫队秘密到小江大肆逮捕共产党员和积极分子，邓业懋等在山头露宿，和顽军周旋，并写下“遥闻敌垒吹寒角，怒愤填胸待出征”的诗句。

“米案”事件发生后，国民党合浦县政府命令廉州中学迁回廉州城，并宣布通缉参加“米案”的进步师生。共产党组织安排邓业懋回灵山谭礼小学任教，继续隐蔽开展革命活动。

“皖南事变”后，国民党掀起第二次反共高潮。国民党广东省第八区专员兼保安司令邓世增派人到灵山逮捕“赤色分子”，邓业懋榜上有名，共产党组织便把他转到司练村小学，该校的名誉校长是莫平凡。邓业懋在课上主要是宣传抗日，讲革命道理。他的课通俗易懂，群众听得津津有味，都很喜欢他，连附近几位秀才都不得不佩服。

1941 年 4 月，共产党组织派邓业懋到钦县小董龙眼村第十一保校教书。他利用晚上开办成人夜校，自编教材，教唱抗日革命歌曲，联系实际，讲述抗日形势和革命道理，讲述共产党的抗日主张。村里一位私塾先生想试试他的才学，出了个上联“谷熟农民笑”，让他作下联，邓业懋稍加思索便对出“禾青地主肥”，私塾先生彻底服了。邓业懋逐渐在当地树立起极高的威信。

1945 年 1 月中旬，钦县共产党组织接到由灵山传来的中共南路特委指示，要在春节期间发动抗日武装起义，大家一致同意邓业懋任参谋长。小董起义于 1945 年 2 月 17 日打响。2 月 21 日，钦县国民党当局纠集五百多人镇压起义。2 月 26 日，邓业懋被捕，被押回钦州审讯。在国民党当局的淫威面前，邓业懋坚贞不屈，痛斥国民党顽固派假抗日、真反共、祸国殃民的罪行。3 月 10 日夜，邓业懋与其他八名革命同志被秘密杀害于钦州牛圩坡，终年三十七岁。

邓业懋的亲弟弟邓业兢同样参加了中共南路特委发动的抗日武装起义，灵山共产党组织安排邓业兢负责城南片的动员准备工作，在攻城中任南路指挥。起义当天，邓业兢率城南队伍靠近县城，后因情况变化，没有实现攻城的计划。他又按领导通知带队到司练村，后转移到钟灵乡，参加了钟灵保卫战。后按第三支队司令员张世聪的指示，率部分队伍转战回灵山合编组成灵山大队，出任副大队长，参加合灵部队的西征，经历了极其艰苦的战斗生活。1946 年 5 月，邓业兢等在白木村被敌特分子发现。8 日拂晓，保安团一个营和县大队包围白木村进行搜捕。终因敌众我寡，邓业兢等人被敌人逮捕。面

萍塘村俯瞰

萍塘村宗祠邓冠山祠

对国民党当局高官厚禄的诱降，邓业兢不改其志，横眉冷对。5 月 31 日，邓业兢等十位同志被国民党当局杀害。英勇就义时邓业兢年仅二十四岁。而此时距哥哥邓业懋牺牲刚过去一年多。

特别令人难过的是，与邓业兢一起被杀害的十位同志中，有一位叫邓业菜，她是邓业懋、邓业兢的亲妹妹，牺牲时才二十岁。受两位哥哥的影响，邓业菜于 1942 年加入中国共产党，1945 年灵山武装起义后，在连队里做政治文化工作。被害之前，因邓业兢患病，她被派去照料哥哥，不幸被国民党军包围，与哥哥一起被捕。在狱中，国民党当局看她年轻便劝她自首，邓业菜坚决拒绝。面对国民党当局的严刑毒打，她始终坚贞不屈，最后英勇就义。

三位烈士的父亲邓济宜患有耳疾，听力几乎丧失，但他对子女教育非常严格。邓业懋、邓业兢、邓业菜参加革命后，他便在物质上支援革命。1940 年后，他的家已成为灵山共产党地下组织的秘密交通联络站。灵山武装起义后，邓济宜家向游击队提供了大量粮食、弹药和其他物品，还通知六峰、容家等山区的佃户不再交租谷，而是直接把租谷送给游击队，他的妻子也把全部金银首饰捐出以资助革命。三位儿女牺牲后，邓济宜极为悲痛，不久便病重逝世。

然而，这个英雄家庭在革命的道路上并没有因此而止步，血雨腥风并没有将他们吓倒。擦干了血迹、掩埋了兄姐的遗体后，年仅十六岁的弟弟邓业凯、十四岁的妹妹邓业馨又积极投身革命队伍里，接过哥哥姐姐的枪，义无反顾地跟着共产党走。

没钱没枪不等不靠　小董起义枪声骤响

1944 年 12 月，侵华日军打通湘桂线，分兵经过钦州直向广州湾。为了抗击日本侵略者，中共广东南路特委贯彻南方局的指示，做出在 1945 年春节前后发动抗日武装起义的决定。中共钦县特派员卢文来到灵山白鸠埠村，听取了灵山党组织负责人陈铭金关于起义决定和有关事宜的传达后，回到钦县，立即组织钦县党组织的骨干林国兴、朱守刚、周才业、钟喜权、梁子才、陈浩在板城六虾小学召开紧急会议，传达特委关于武装起义的决定，共同讨论研究武装起义的准备工作，并形成初步意见。

没有经费，没有物资，甚至没有枪炮，但组织的命令必须认真贯彻执行。这是一场说干就干、义无反顾的革命斗争。

没有战斗队伍，他们努力争取那料办事处自卫队及长滩自卫大队常备中队的支持，这是一支较有战斗经验的队伍。同时动员组织学生，联系上思革命力量等。

小董起义集中出发点那料小学

革命老前辈卢文回到战斗过的小董起义旧址忆当年

中共钦县地下党组织活动旧址——六虾村韦氏宗祠

没有武器，他们就动员进步人士献出轻机枪和其他枪支，再通过一切关系去借，最后搞到轻机枪两挺、步枪六十多支、手枪二十多支。

没有经费，他们说服思想进步人士将经商的三万元捐献出来，同时发动其他同志从家中带钱来捐给组织。

六虾会议后，各方面的工作都进行得比较顺利。起义部队定名为“钦县人民抗日解放军”，指挥为朱守刚，副指挥周才业，政治委员卢文，参谋长陈浩，政治处主任林国兴。起义的动员口号是：抗日、反贪污、反“三征”（征兵、征粮、征税）。起义时间定于 1945 年 2 月 17 日（农历正月初五）凌晨。起义目标是攻打驻小董三如堂的钦县国民党第二自卫大队，因为这个大队仅有四十多人，力量较为薄弱。

2 月 16 日晚上 8 点，一百多人的队伍集中到那料村。17 日凌晨 4 点，大寺方面的队伍仍未到来。为避免贻误时机，卢文与其他领导人商量，决定靠小董的力量按计划行动。突击队有四五十人，陈中任为突击队长，任务是趁自卫队不备突击，收缴其枪械，掩护队的任务是占据三如堂对面山头，准备在突击队冲进后继续前进，没有枪的人留在那料村。

陈中任率突击队出发，朱守刚带领掩护队随后占领了三如堂对面的山头。突击手朱守伦、黄以群等人走在最前头。这时屋内有人向外射击，突击队迅速判断，这么快速的回击，应该是对方早已知晓行动并设置好了陷阱，一时犹豫没有立即冲进去。

历史往往就这么凑巧。这个晚上国民自卫队走丢了一匹马，一个中队长出去找马，刚刚回到便听到外面的枪声，随即对外也开了一枪。

犹豫中自卫队已组织好还击，突击队只能往后退。掩护队员发现我方突击队员没有冲进三如堂，便在山上用机枪向冲出的自卫队射击，敌方也向山上开枪，袭击变成相持作战。

钦州市钦北区志愿者参加小董革命烈士纪念碑修缮义务劳动

朱守刚和卢文判断突击没有成功，为避免消耗，决定撤出，便指挥队员交替掩护撤退。对方摸不清楚起义部队的情况，也不敢贸然追击。起义队伍转回八甲村。

第二天上午 8 时，大寺方面十二人才赶到八甲村会合。在八甲村的领导人会议上，大家认为虽然行动没有成功，但至此已是拉开了地下工作转向武装斗争的帷幕。以前都是秘密活动，群众难以了解这支队伍的工作，从此可以在有群众基础的地方公开进行宣传，充分发动群众，为今后活动打下根基。于是，七十多人的队伍在八甲村拉起“钦县人民抗日解放军”的红旗，派出政工队在附近张贴布告、散发传单和开展口头宣传。

小董起义的枪声震惊了国民党当局。2 月 21 日清晨，国民党宁荣楷部和李宣三纠集的民团共五百多人围攻抗日解放军。抗击中解放军毙伤国民党军三人，国民党军进攻受挫后仓皇溃退。但考虑到国民党军人数众多，我方人员缺少战斗经验且缺乏弹药，不宜持久作战，于是主动撤出，并做长期斗争准备。

小董起义先后有十三位同志被捕，他们都非常年轻，年龄最小的十九岁，最大的也只有三十岁。他们中的九人被解往钦县，遭到国民党当局的严刑审讯，但年轻的革命者义正词严加以驳斥。

小董起义烈士就义地点牛圩坡

1945年3月20日，黑云压顶。

九位风华正茂的年轻人面带微笑，肩并着肩慷慨走向刑场。在钦县牛圩坡的树林里，他们在国民党顽固派的枪声中相继倒下。其他四位同志亦在小董等地被残忍杀害。

此后，国民党当局四处搜捕参加起义的人员，高价悬赏通缉，威迫家属交出参加者，但同志们坚守革命气节，毫不动摇，群众也冒着一切风险掩护和帮助，国民党当局费了很大的气力开展的政治攻势，最终都是徒劳。

轰轰烈烈的小董起义虽然失败了，但它打响了钦州共产党组织武装反抗国民党反动统治的第一枪，是钦州共产党组织和钦州革命发展史上的一个重要转折点，具有十分重要的历史意义。

田汉游钦感慨万千　留诗五首荡气回肠

田汉（公元 1898 年—1968 年），原名寿昌，湖南长沙人，中国戏剧活动家、剧作家、诗人，是中国话剧的开拓者，戏曲改革运动的先驱和中国早期革命音乐、电影的组织者与领导人。他创作歌词的歌曲《万里长城》的第一段后来成为中华人民共和国国歌《义勇军进行曲》的歌词。

1962 年 4 月，田汉偕夫人安娥来到钦州。钦州时值春旱，田汉忧心不已，写下“正为钦州春播愁，北风时雨到巫头”的诗句。安顿下来已是黄昏，但田汉不顾舟车劳顿，马上要来民国《钦县县志》细细阅读，对天涯亭、文峰卓笔、三宣堂、冯子材墓、乌雷庙以及坭兴厂很有兴趣，提出了参观的意愿。县政府马上安排田汉夫妇参观了五个地方，唯独乌雷庙因当时正在修犀牛脚公路无法成行，这是一个不小的遗憾。之所以选择看乌雷庙，是因为田汉在《钦县县志》里看到祭祀马援将军的唐时碑记尚存于乌雷庙，想在拜谒伏波将军的同时一睹这块“唐碑”真迹。

田汉的《谒冯子材墓》镌刻于冯子材墓旁

在参观民族英雄刘永福三宣堂时，田汉看到墙上有《渭水访贤》的壁画，给随行人员讲了“姜太公钓鱼愿者上钩”的故事。在钦州坭兴厂参观时，他对坭兴陶的窑变原理也十分熟悉，不用讲解就直接给随行人员进行了科普。

边走边听边想，参观中五首诗已在田汉胸中孕育。第二天，田汉离开钦州前往湛江。未见他吟诗作赋，负责接待田汉的陪同人员虽然心中焦急但也不好多问。谁知惊喜在几天后出现，身在湛江的田汉认真整理诗稿并寄到了钦州。

田汉在《谒刘永福故居》一诗写道："南越崇宏有故枝，渊翁风骨自雄奇。守台岂敢辞金印，抗法争先举黑旗。垂老不忘天下事，岁荒常恤里人饥。至今龙眼飘香雪，犹似将军系马时。"

为坭兴厂赋的诗为《参观钦州坭兴陶瓷厂》："钦州桥畔紫烟腾，巧匠陶瓶写墨鹰。无尽瓷坭无尽艺，成功何止似宜兴。"

参观"宋迹三迁"的天涯亭后，赋诗《天涯亭》："运河滚滚入湖来，没字危亭草满阶。词客分明怀故土，钦州何必是天涯。"

登文峰卓笔，赋诗《登钦州尖山》："文峰如笔对雄城，欲济无梁绕道行。青紫齐腰包谷壮，白帆待孕午潮生。尖山埋骨焦生炳，北海捐躯王有成。多少南来好儿女，但为祖国一身轻。"

到泥桥拜谒民族英雄冯子材墓后，赋诗《谒冯子材墓》："泥桥岭畔古城东，且驻征车吊萃翁。松啸如闻嘶战马，花香端合献英雄。扶妖江左成遗憾，抗法关南有大功。近百年来多痛史，论人应不失刘冯。"

田汉这五首诗广为传诵，遗憾的是墨宝已不见踪迹。

田汉的《谒冯子材墓》

人间烟火气，最抚凡人心
一半烟火，一半清欢
人的一生总会与柴米油盐酱醋茶相伴
这些就是烟火的味道，生活的本真

曾历一千四百多年滚滚红尘的钦州
既有“大江东去”那样的引吭高歌
亦有“月满西楼”那样的低吟浅唱
既有直上云霄的英雄豪情
亦有贴近地气的人间烟火

下篇

满城灯火

钦州

蛮荒天涯向海而兴　岭南古郡烟火满城

运送中国丝绸的商队曾经从洛阳起程，蛇行于高山峡谷、森林草原和大漠孤烟，一路风尘，抵达西域。而在大陆的南端，海上丝绸之路也发挥着重要作用，成为中外商贸和文化交流的主通道。面向茫茫南海，在随着时间推移出现的不同出海口中，钦州是其一。《隋书·地理志》载："南海、交趾，各一都会也，并所处近海，多犀象、玳瑁、珠玑，奇异珍玮，故商贾至者，多取富焉。"可见自汉代始，广东番禺至钦州沿海一带贸易已趋频繁。其中钦州大观港是大风江出海口，海面辽阔，为钦、廉二州通航要道，东抵高州、凉州、雷州、琼州，西达越南北部，是汉代以后海上丝绸之路重要组成部分。

公元前112年，交趾郡叛乱，朝廷派伏波将军马援率两万大军经湘江南下，从灵渠进入漓江后兵分两路，其中由马援亲率的主力沿北流江进入南流江流域。征战过程中，马援曾率部在钦州乌雷整训数月。平定交趾这一役，伏波

古城今貌

宋代广南西路三大博易场中唯一通海路的钦州博易场旧址

将军不仅稳定了南疆，同时大力疏浚河道，“缘海而进，随山刊道千余里”，开辟了交趾与九真等地的陆上通道，进一步完善了古代海上丝绸之路合浦、钦州连接交趾段。马援还在大观港附近开凿了西坑古运河，也就是“伏波运粮遗道”，可直达钦州城钦江段。大风江古港成为海上丝绸之路的贸易中转港。

公元 1023 年，在军事推官徐的大力争取下，钦州州城从当时的安远（今灵山）迁至今天的钦江畔，临江濒海，钦州对外贸易提升到一个新的高度，其中以香料为主的货物交易蔚为大观。宋朝每年从国外进口的香料达到数十万斤，占当时进口货物近四分之一。“南宋四大家”之一的范成大在其《桂海虞衡志·志香》中记述：“其出海北者，生交趾，及交人得之海外蕃舶，而聚于钦州，谓之钦香。”海外船舶的香料在钦州的大量聚集，成就了“钦香”品牌，助力钦州成为宋朝廷在广南西路设置的三大博易场中唯一通海路的博易场，这是古代的“自贸区”雏形。南海诸番国的物产在钦州的交易盛况空前：“凡交趾生生之具，悉仰于钦，舟楫往来不绝也。博易场在城外江东驿。”此时的钦州，已是诸番国香料进入中国的重要交易集散地。

明清时期，钦州内外贸易渐趋昌盛。为商贾洽谈之便，广州商人于清同治十三年（公元 1874 年）集资兴建广州会馆。清光绪年间，钦州水陆栈房和

来钦粤商于清同治十三年（公元 1874 年）集资兴建的广州会馆旧址

店铺开设如雨后春笋，“广州帮”有孔三栈、孔怡记、孔同亨、祥隆成、泗源、义和等十多家，“南宁帮”有李华记、宏安、颜开泰等。外埠商品充斥钦州城乡市场。清朝末年，钦州与北海、佛山和越南等地商埠拓展贸易往来，行业增多，事务纷繁。

天涯一瞬间，古城已千年。

乡间社火

中秋起舞异彩纷呈　民间“岭头”大过新年

如果你以为春节是民间持续时间最长的节日，那是因为你没到过钦州，没领略过钦州的“跳岭头”。

每年的中秋节前后，“跳岭头”一开跳就异彩纷呈。各个村屯按约定俗成的次序轮流举办活动。各家各户置办酒席迎宾待客，哪家来的客人多，哪家就更有面子。有些喜欢热闹的村民会一直参与其中，甚至一个月都不需要回家。

民间跳岭头

明嘉靖《钦州志》说，钦州人“八月中秋，假名祭报，妆扮鬼神于岭头跳舞，谓之‘跳岭头’”。清道光《钦州志》也说，是期，“延巫者着花衣裙，戴鬼脸壳击两头鼓，狂歌跳跃于神前，村男妇于坛戏歌，互相唱和，名曰跳岭头，曰不如此则年不丰稔”。由此可见，钦州的“跳岭头”是傩舞的一种表现形式，是一种祭神跳鬼、驱瘟避疫、祈求安庆的娱神舞蹈。它起源于钦州先民的自然崇拜、图腾崇拜和巫术意识，在漫长的岁月中，逐渐演变为多种形态的傩舞、傩戏。但万变不离其宗，“跳岭头”的主要特点仍是戴着面具舞蹈娱神，“摘下面具是人，戴上面具是神”。

钦州的“跳岭头”集歌、舞、戏于一体，既有纯粹的舞蹈，又有即兴念唱对白和简单的故事情节。舞者头戴手工制作的木质面具，身穿戏服，手执刀、斧、戟、剑、棍、锄、铲之类的兵器和农具。乐器主要有锣、鼓、钹、长号、牛角号等。

“跳岭头”动作开放，节奏强弱分明，剧目大多为清一色的男性出演。“跳岭头”由舞蹈和音乐两部分组成，舞师根据舞段的角色穿戴相应的服饰和面具，表演带有角色个性的程式舞蹈，以打击乐器蜂鼓和铜锣伴奏。傍晚时分班首主持“开坛”仪式后，舞师连续表演“开光”“扯大红”“跳三师”“拜

“师公”与面具

二十世纪五十年代的钦北大寺跳岭头表演

四帅”“跳五雷”“十帅舞”“千岁舞”“收妖”以及插科打诨的“耍花嘴”等。“跳岭头”唱词的内容比较复杂，一般有较完整的故事。

因为喜欢这种经久不息的热闹场面，所以钦州人将“跳岭头”的时间由起初的中秋节扩大到八月至九月，演变成一年中时间跨度最长的节日，各村定时按顺序举行。“跳岭头”期间，除了本村人参加，邻村和外地的群众也会闻讯赶来，民间向有“岭头大过年”的说法。

在引导群众厉行节约、避免铺张浪费的前提下，“跳岭头”的风俗，因其丰富的文化遗产和艺术价值，得到传承和保护。2014 年，经国务院批准，钦州“跳岭头”被列入第四批国家级非物质文化遗产代表性项目名录扩展项目名录。

“南国红豆”传下四府　岭南古郡弦乐绕梁

坐舱、扎水、尖沉、水介、度桥、拜码头……这是在码头上忙碌？

爆肚、吞生蛇、运鸡笼、攞鸡尾、禾虫滚花、饱吹饿唱……这是大排档做饮食？

这些貌似三合会的“黑话”出自粤剧。

旧社会要杂人奔走江湖卖艺谋生，免不了要和黑社会打交道。初到某地必须“拜码头”，戏班人之间就用行话交流。“大舱”指演员优伶和乐工；“坐舱”是班中地位最高的领导（相当负责人坐镇红船）；“度桥”指开戏师爷构思情节；“戏桥”即介绍剧目；“水介”指办事不力；“埋头”指靠泊码头；“扎水”指没人雇请停止演出；“水波浪”表现角色情绪起伏发展；“水发”甩发越快越显功力。

粤剧草创之始，戏船就是戏班的根据地。粤剧在明清时期非常兴盛，清代雍乾年间尤为鼎盛，“远近环集楼船、花艇、小舟、大舸，连泊十余里”，“凡

原钦州粤剧团演出场景

老一辈粤剧艺人

新一代粤剧艺人

有海水流到之处……即有粤剧的演唱”。著名戏剧作家田汉说粤剧“热情如火，缠绵悱恻”。粤人好歌，水袖轻扬，唱尽悠悠千古事。

钦州粤剧和所有戏曲剧种一样，几经沉浮。它原是在岭南地区本土诞生、融合外地各种声腔发展起来的地方剧种。清道光初年，粤剧由广州的广府班传入钦州，经本地粤剧演员传演并落地生根。从明朝到民国，钦州属广东下四府范围，所以钦州粤剧也叫下四府班。当时还没有粤剧之名，一般称为大戏。二十世纪二十年代，广府班经过采用粤语和统一平喉（真嗓）等一系列改革，才有粤剧之名。

1938 年广州沦陷后，大批广府班的演员疏散到钦州，促进了原下路戏的改革，本地粤剧正式形成。新中国成立后，钦州、灵山、浦北三县各建一个县级专业粤剧团，在县城和大圩镇还有一些时聚时散的业余粤剧团，外地粤剧团亦时有来访。钦州的粤剧团体演出十分活跃，戏剧要素齐全，发展最为成熟。

粤剧是“唱、念、做、打”的表演艺术。

“做”是指“做功”。又称身段，即身体表演，包括手势、台步、走位、关目、做手、身段、水袖、翎子功、须功、水发、抽象表演和传统功架。没有一身功夫不行，没有健壮的身体也吃不消。其中，须功是武生行当的一门专科，单用手指就有抛、弹、拨、搅、拈、挣、捧、揉、吹、震等十种手法，表达悠闲、高兴、深思、意外、惊讶、震怒等表情。在江湖上混，有一身功夫和强健躯体，除了胆识还要有技艺，还需经年苦练摸爬滚打。行内人都知道其中艰辛，不要以为凭副靓样、化个大妆、着套戏服、站个台位、拿个话筒，

粤剧上妆

钦州原创大型粤剧《刘永福·英雄梦》

读首名曲就是演粤剧了。

“打”，在粤剧中的武打场面被称呼为武场。云集在岭南一带武术家流派众多，有洪拳、儒拳、蔡拳、岳家教等，其中以咏春拳、蔡李佛拳、洪拳比较著名，所以在武场中使用的传统岭南武功注重坐功、打功、拳术、器械对打、高台功夫、绝技等，以近距离对打为主，强调力量。粤剧武功，以少林武技为基础，工于“桥”“马”“翻”“腾”，称为“南派武功”，表演最注重真功夫。民国以前粤剧舞台上所用的兵器都是真刀真枪，故称武打表演为“打真军”。演员在台上厮打搏杀铮铮有声，扣人心弦，没有到家的功夫与高强本领，是无法做这种高难度表演的。

二十世纪三十年代以前，钦州粤剧的剧目和锣鼓、曲牌大体上与广府班的相同，但表演程式、武功技巧却有独自的特色，自成流派。钦州艺人提炼出以“架”（造型）和“排场”（表演套路）为中心的四十多种表演程式，并借鉴邕剧和武术、杂技，创造出新奇的“过大山”“吐血”“耍獠牙”等独门功夫，大大丰富了粤剧的表演艺术手段。

钦州粤剧的行当分八大类：武生、小武、小生、正旦、男丑、女丑（男扮）、六分、黑阵。每个行当都有正有帮，特别是武生，此外还有大花面、白鼻公等等。钦州粤剧的各行当只在化妆和表演上有分别，在用嗓方面没有区别，都用平喉，旦角可以兼用子喉（假嗓），称为“雨夹雪”。

日常演的传统正本戏有《宝玉偷祭潇湘馆》《佘赛花招亲》《穆桂英罪夫》等。引进和改编剧目有《十五贯》《拉郎配》《搜书院》《秦香莲》《柳毅传书》《一江春水向东流》《三打白骨精》《林冲》《霓虹灯下的哨兵》《沙家浜》《红灯记》《智取威虎山》等。历代著名编剧演员有石燕荣、朱世贵、王艳容、李少卓、花弄影、朱剑秋、黄婉依、李楚楚、少名扬、明珠女、何世平等。

水袖轻扬，长剑出鞘。生旦净丑一开口就让人记起这是一个岭南古城。这里有最好的戏和最好的角儿，还有最热闹的剧院和最热情的戏迷。戏曲之风兴盛，钦州也成为大师、名家辈出的沃土。“黑话”不黑，讲好中国故事。观众还是这些观众，行头还是这些行头，但演出地方从苦寒之地搬上了温暖的国家大舞台。

2012 年，在国有文艺院团体制改革中，钦州整合市歌舞团与市粤剧团，组建成立了钦州市非物质文化遗产传承保护中心，致力于非物质文化遗产保护、传承和研究工作，从事有地方特色的戏剧、戏曲、音乐等艺术创作、艺术研究、艺术教育和培训。在一批知名戏剧艺术家的悉心指导下，戏曲人才梯队得以建立健全，共同守护粤剧的生命线。他们秉持“唱念做打”“一招一式”的原则，展现中国特色，诠释时代风貌。倡导“薪火相传，拜师学艺”的新风，使得陆燕、梁日俊等年轻演员崛起，成为新一代青衣名旦。

钦州粤剧团在友城马来西亚关丹市演出

采茶歌舞最接地气 民间小戏百年不衰

自古以来，生产劳动舞蹈体现的是人们的劳动场面。无论取材还是表现形式，自由和喜庆是其显著特点。在中国南方，人们喜闻乐见的采茶戏，就是源自茶农采茶时的劳动场景。一开始，茶农在田园劳动中哼唱小调，后来形成庆祝丰收的集体狂欢。再后来，茶农为了给茶商准备娱乐节目，在“自娱自乐”基础上吸收其他剧种唱法，渐渐形成了一种生活气息浓郁、地方特色鲜明的民间歌舞剧种。

清代李调元在他的《粤东笔记》中详细记载了采茶歌和采茶灯的习俗：“粤俗，岁之正月，饰儿童为彩女，每队十二人，人持花篮，篮中燃一宝灯，罩以绛纱，以绳为大圈，缘之踏歌，歌《十二月采茶》。”至清代道光年间，正月的“采茶灯”和唱“采茶歌”已开始“办色架故事迎神”，成为上元演出的“百戏”之一（见民国《钦州志》）。由此可见，唱采茶，源于清乾隆年间的“采茶灯”和“采茶歌”，至道光年间，加进了“色架故事”演唱，演变成根据历史典故和民间传说改编的有人物、有年代、有情节的小戏，使采茶由缘绳“踏歌”演变为“戏”，采茶戏也就这样形成和发展起来。

钦州地处亚热带，雨量充沛，气候温和，山丘遍布，土地肥沃，十分适合茶树种植，历来就有种茶和加工茶叶的习惯，所产的青茶、绿茶、红茶久负盛名。据明嘉靖《钦州志》载：“茶，产新立、永乐诸山。”新立、永乐即今钦州市钦北区大部分乡镇和灵山县部分乡镇。茶农以茶为乐，逐步形成“采茶歌”等娱乐形式，并在清乾隆年间成为一种民间习俗。

清道光二十六年（公元 1846 年），江西的采茶曲调传入灵山县伯劳六秀村，并被当地人所吸收。此后，钦州采茶戏不仅保留了原有的“采茶歌”，还加入了多种唱腔曲调，如吸收了湖北“采茶”和湖南“花鼓”的唱腔曲牌，并经过不断改进，使“戏”的内涵更加丰满，进一步发展成熟。同治六年（公元 1867 年），钦州“新丰月茶会”戏班开始将民间木鱼唱本改编为“茶花”

1958 年，钦北采茶队表演采茶戏

唱本，并引入“南音”唱腔。光绪三十二年（公元 1906 年），钦州沙埠“石头塘采茶班”开始将木鱼唱本改编为采茶戏演唱，使采茶戏的剧目更加丰富多彩。至二十世纪四十年代和六十年代，钦州采茶戏继续借鉴和吸收了其他地方戏曲的元素，如彩调和粤剧的一些曲调、唱腔、剧目和表演程式，还对粤剧和民间八音的锣鼓和吹奏曲牌有所借鉴和吸纳。经过多次变革和集各家之长，钦州采茶戏成为深受群众喜爱的戏曲种类之一，在农村地区拥有广泛的演出市场。

采茶戏之风自江西田园刮到钦州乡村禾堂地，渐渐形成了生活气息浓郁、地方特色鲜明的民间歌舞剧种。钦州采茶戏带有浓重的乡土味，以地道的钦州白话为说唱语言，唱词、道白运用了很多钦州方言、俚语，蕴含浓浓乡情，唱词朴素自然，浅显易懂。比如《隔河看亲》：“梅屏，我到王府搵你某见，原来你两个约在个地。”“伯娘，你搵我乜嘢事啊。”此处的“搵”就是“寻找”的意思，“乜嘢”就是“什么”的意思。福田中状元后回乡时说：“想当年，我在马家庄做木工，马老爷几睇衰我。”“睇衰”即“看不起”，“衰”是“倒霉”的意思。“一篮花生一篮菜，各人老公各人爱”，土话张口就来，生动俏皮，往往演员歌声未止，外地人尚未反应过来，当地人已经笑开了。

钦州采茶戏曲调流畅优美，表演形式有独唱、对唱、对白、表演唱，载歌载舞；道具有帕巾、花扇、花伞、绸带、钱尺、刀剑、酒杯、钱鞭（有单钱鞭、双钱鞭）等数种。表演时一男二女，男的头扎凹凸髻、手执扇，女的包头饰、手拿帕巾。舞蹈动作活泼、欢快，主要动作有扇花、脚花、屈膝丁字步、矮步、密步等十多种；舞蹈风格优柔、多情、细腻。在表演上歌舞性很强，而且带点粗犷、诙谐和风趣；在音乐上属联曲体，特点是欢快、活跃和节奏鲜明。演唱时，男女同腔同调（新中国成立前，旦角由男人装扮，用假嗓说唱；新中国成立后，旦角由女人饰演），且真嗓翻高八度。采茶戏曲调有两百首左右，由老艺人凭记忆教习使用，没有固定、统一的曲谱本子。

钦州采茶戏有自己独特和较完整的表演程式，戏中的脚色行当、唱腔及吹奏曲牌很具特色。其一，脚色行当原来只有旦角和杂脚之分，发展到今天，有生、旦、末、丑四大行当，与花鼓戏、彩调剧、粤剧等剧种略同。但“唱采茶”，只演文戏，不擅长武戏。独特的传统表演有扇花、中花、钱尺花、酒杯花、交叉跪转步、七点梅台步；有杂脚的大胯走矮马、走裤裆旗和竖拇指的顺手顺脚；还有旦角的扭腰出胯摆步，走峨眉月等。其二，唱腔主要以“茶腔”为主，还有“大台”“盘茶”“钓蛤腔”“正茶”“南音”“十里花”“四平腔”等。其三，锣鼓和吹奏曲牌有“茶花锣鼓”“长流水”“撞点”“冲头”“点板”“洗子板”“三排九”“采茶快板”“游台曲”“四不正”“牌子尾”“五马巡城”等。伴奏曲从原始锣鼓发展到今天多种乐器，改变

钦州老城区街边的采茶表演

了原来伴奏单一的局面，这样既加强了音乐衬托感，又增添了剧情气氛，使采茶更具有欣赏性。如今唱采茶伴奏多用高边文锣，配三叮鼓、梆子、高胡、二胡、扬琴、中胡、笛子、唢呐等乐器。

在“唱采茶”很普及的灵山县，各“采茶班”演唱的采茶戏又别具风格和特点。采茶戏有“开台茶”“迎春茶”“点茶”“炒茶”“送哥卖茶”“梳妆茶”“贺茶”“拜年茶”“钱鞭茶”“煞台茶”等十多种程式。戏中的故事一般很诱人，人物性格很突出。主要人物是茶公、茶娘。茶公表演用矮步，茶娘用云步，舞蹈性很强。钦南区“采茶戏”的“贺茶”，是专为当地主人

河堤路的采茶戏天天上演

钦州海歌采茶剧《幸福女孩》

在现代科技帮助下，采茶戏以更新的方式走进群众

现编的一段祝福溢美之类的戏段。“贺茶”到了精彩处，看戏的年轻人纷纷解囊向漂亮的“采茶娘”献爱心。

钦州采茶，是回响在祖祖辈辈钦州人耳旁的那一曲魂牵的乡音，伴随强劲的田园风，吹拂“禾堂地”穿巷入户。“蓝天当屏幕，大地做舞台”，“唱采茶”已成为钦州群众文化生活的重要内容。迈着矮子步，甩着单袖筒，摇着扇子花，“且咚且咚且且咚，且且咚咚且且咚”。傍晚时分，只要听到“开台茶”锣鼓一响，方圆十里的人们蜂拥而至。特别是上了年纪的老人，他们不约而同拿着一张小方凳来到“戏台”前，看得聚精会神。

祭祀祈福驱邪助兴　烟墩大鼓响彻云天

烟墩大鼓是发源于灵山县烟墩镇的传统打击乐器。灵山，作为百越古地，历史悠久，境内文物古迹众多。仅保留下来的大鼓，就有六百面左右。

烟墩大鼓发源于古代，擂大鼓自然而然变成一件具有古风韵味的事。鼓队的编制灵活多变，大鼓数量视场面而定。常规鼓队由七八面大鼓和一个铜锣、一个铜钹组成。

声声鼓点讲述着一个个故事。烟墩大鼓，源于古代尊崇铜鼓之风，自明清时期逐渐形成并盛行。鉴于当时农民起义频发，农民武装在当地难以立足时，便转移游击。灵山县烟墩镇地处两广交界，地理优势明显：向东行至平南圩，即可威胁灵山县城；向南越过石堆村，是一片广阔的鸣珂江谷地，便于攻占钦、廉两州；西、北部的沙坪、南乡两地均可通往西江水路，进退自如。因此，

灵山县烟墩镇烟霞山

巨型烟墩大鼓

灵山烟墩民间大鼓队在荔枝园中敲响大鼓

烟墩镇周边成为义军与官兵频繁往来之地。在战乱纷扰的时代，村落间便以鼓声传递警报和联络，互为守望，根据敌情轻重缓急敲击不同鼓韵。正是如此，烟墩大鼓分为快、中、慢三种韵律。此外，烟墩地区人口稀少，野兽出没，村民需借助震耳欲聋的鼓声来防范豺狼虎豹的侵袭。而在春节期间，则以击鼓凝聚人心士气，兼有互报平安的意思。随着和平年代的来临，国泰民安，猛兽绝迹，村民安居乐业。原本用于警示的鼓声逐渐演变为一种春节风俗，重锤响鼓成为佳节时的习惯。

烟墩大鼓的形状特别另类。原木鼓桶，水牛或黄牛原皮鼓面，纯手工制作。据考证，大鼓最初是用水缸为鼓桶绷上牛皮而成，后来由于水缸易碎，声音韵律差，便演化为用段木凿空制成。制作大鼓最关键的是凿鼓桶和上鼓面两道工序，这需要精湛的手艺和丰富的经验。鼓桶的用材以樟木为最佳，榄木次之，松木再次之。选用直径一米左右、长一至三米的段料，需经浸泡两三年，自然脱水晾干。按边框三至五厘米的厚度，上大下小逐渐削至圆锥状，形成蕉蕾状的鼓腔。鼓腔的外壳也是从上而下收束，注重线条流畅而不强调弧度，大约至四分之三处，按蕉心花起瓣，四翼对称形成鼓脚，再根据音色的需要确定大小，在鼓底钻一个排气孔。凿鼓桶是精细的活计，通常需要一个多月的时间来完成。完成鼓桶后，准备配件材料，包括两块正方形的鼓垫、四条木楔、十公斤左右的单竹和若干段老筋竹头。接下来就可以进入上鼓面的工序。将牛皮裁剪成稍大于鼓桶口的尺寸，并在边沿间隔切孔后放入清水中浸泡半天。在等待期间，还需进行单竹和筋竹头的解剖工作。单竹被削成

烟墩大鼓鼓身制作

二指宽的篾条，用作鼓的帮；筋竹则用来做鼓钉。待到篾帮和鼓钉准备就绪，牛皮也大致泡得恰到好处了。上鼓面需要五六个人协作完成。他们摊平牛皮，将外沿涂了蜂蜡的鼓桶倒立在上面，用鼓钉沿鼓桶口外圆周间隔钉牢。然后对应勾挂牛皮，鼓垫板叠放在鼓脚面上，篾帮也勾挂鼓钉，相对交绕过鼓垫板打结。之后往两垫板间打入鼓楔，使牛皮绷紧均衡，这样鼓声才会悠扬广远。最后再制作两根坚硬耐用的鼓棒，便大功告成了。

烟墩大鼓并不是随时随刻可以擂打的。一般是每年的农历十二月廿四送灶君之后绷鼓试音，正月十六息槌收鼓，拆下鼓桶、鼓面，束之高阁。在此期间，无论白天黑夜都可以擂鼓，正月初二到初九是擂鼓最热闹的时段。这几天，青壮年男子纷纷把自家的大鼓搬出来，数十甚至上百面大鼓相互竞技，鼓声如雷鸣，声达数里，地动山摇。大鼓鼓点韵律节奏鲜明，快、中、慢结合，形成“起鼓、促鼓、压鼓、收鼓”的独特套路打法。号令全场的锣声一响，起鼓之声仿佛春雷炸响；催棒促鼓，又如暴风骤雨；而压棒恰似闷雷滚动；待到收鼓，又觉云开雨霁了。其后的鼓阵竞技则各显神通。各村群众在震耳欲聋的鼓声中憧憬着新的一年五谷丰登、大吉大利。

目前，烟墩“元老”级大鼓有三面，分别藏于三个自然村。现存最古老的大鼓制作于明朝。而藏于石堆村的制造于光绪十六年（公元 1890 年）的大鼓最大最高，直径为一米三，高三米，重达三百五十公斤，堪称“烟墩大鼓之最”。

大鼓传承

蕉叶编成带火青龙　中秋共祝民乐年丰

中秋舞青龙在浦北乐民镇有着悠久的历史。

明成化年间（公元 1465 年—1487 年），丁、薛两姓在乐民造市开街，舞青龙深厚的历史从此开始，种种传说也由此出现。据说乐民圩形成后，火灾频频，民众无可奈何。时间一晃两百多年过去了。一天，廉州知府康基田路过，发现乐民的地形是“卧地白虎”，火灾乃“白虎”作怪所致，只要“青龙”在中秋夜出现即可制之，从此乐民有了中秋舞青龙的习俗。

青龙的龙头制作十分精美。龙头由竹竻编织而成，外覆纱纸，并以泥金、泥银填涂进行修饰；龙身则以麻绳编扎芭蕉叶。龙身长度各异，长者可达七八十米或上百米，短者也有五十多米。长龙可容纳一两百人共舞，短龙也

龙头制作

扎蕉叶为龙身

可容纳五六十人。龙头内置数把大蜡烛（油筒），龙身脊背上插满小蜡烛（小油筒）和仙香。现今制作的青龙已采用现代材料，龙眼内设有电筒，龙头也布满各式发光材料，电光闪烁。舞龙时点燃龙身上的蜡烛（油筒），整条龙身火光闪闪，宛如龙鳞般光彩熠熠。每一条龙都配有一堂锣鼓、一对大唢呐，锣鼓置于张灯结彩的锣鼓架上，游街时由两个人抬着敲打随行，唢呐则配合鼓点吹奏。

舞青龙在每年中秋节傍晚六点半开始。整个乐民街东、西、南、北四条街各制作一条青龙，形成四条青龙在各街道蜿蜒飞舞的壮观场景。舞龙的人一边舞一边发出“呜呜”的喊声，仿佛龙在呼啸、怒吼，场面气壮河山。

在舞龙的过程中，男女老少齐聚街头。青龙一到，沿街的居民燃放爆竹、香火迎接青龙，热闹非凡。最后，大家分“龙筋”、吃“龙粥”，在城郊举行“化龙升天”仪式，祈求万福平安。

乐民舞青龙

穿脸令箭有惊无险　小镇游神奇技惊人

数百年来，正月十五的“游神”是钦州康熙岭镇横山村一个不变的仪式。

横山村有座伏波庙，这是为了纪念伏波将军马援而建。每年的游神活动，横山村村民们都到庙里，将伏波将军的神像请进神轿，然后由成人抬出庙宇，沿街巡游，寓意神明降落民间，巡视乡里，与民同乐。村里各家各户将鸡、肉、炮阵摆放整齐，敲锣打鼓吹唢呐舞狮舞龙恭迎神像的到来。游神所到村落，男女老少虔诚地上香敬奉神灵，祈求国泰民安、安居乐业、五谷丰登、阖家平安，等等。

游行沿途也有一些习俗表演，像舞南狮、舞游龙、踩高跷、敲锣打鼓吹唢呐等一些别具风情的表演，场面非常热闹。其中有一项令人心惊胆战的仪

康熙岭镇游神现场人山人海

式——“穿令箭”，令箭用金属特制，上粗下细，尾部呈针状，长短不一，一般一米左右。表演者用令箭穿过面颊，神志自如，让人们抬着游行。令箭拔出，均没有洞口和痕迹，令人惊叹。穿令箭原是前辈用来惩治不忠不孝不仁子孙的手段，游神中主动用穿令箭刺穿自己的脸颊，意为向祖先表示自己不忘祖训、秉承良好家风。

康熙岭镇游神

游神过程中的“穿令箭”表演

炮墟炮会都是炮期　祭迎送放红光满地

不知道从什么时候开始，钦州灵山县丰塘镇出现了这样一个习俗：独具特色的炮期。

炮期是灵山县丰塘镇以赛炮为主要内容的群众娱乐活动，古称“炮墟”，又名“炮会”，源自新春正月里“先于庭前爆竹，以避山臊恶鬼”习俗的演变，始于明代末期，至今已有三百多年的历史。

丰塘镇的祖辈们出于好胜的心理，对爆竹的音响、花样、彩花等进行相互攀比。后来，为了便于对比，各村屯分派代表集会磋商，通过抽签的形式选定正月里的一天作为集中燃放鞭炮的日子，也就是今天的炮期。初八平岭、初九沙塘、初十华龙……全镇各村在正月里几乎都有自己的炮期。如今丰塘街炮期还是全镇举办得最为隆重的炮期。演绎至今，炮期已不再仅仅是鸣放鞭炮的日子，而成为村里乡邻每年祈求平安的佳期，并形成了当地独特的民

丰塘炮期

送炮队伍

俗风情和炮期文化。

炮期一个星期前就组成的炮期筹委会，负责向其他村发送狮龙贴、编排各类节目以及统筹安排活动的大小事务等。其中筹委会定做的彩炮更成了最炫目的焦点，它代表着整个节日的形象，所以做彩炮的定是盛情邀请前来的能工巧匠。制炮材料专挑上好的靓竹、韧篾、宣纸、雷管。编模、糊裱、绘画，在彩纸写上村民们的祈愿，所有的工序均由手工制作。小花炮一般高一米，直径三十厘米左右。大花炮的高度一般在一米六到两米，直径四十到八十厘米，叫“炮王”，甚至可以当作花灯使用。制成的花炮堪称手工艺一绝，个个玲珑剔透，既古朴典雅，又清新秀丽。

炮期活动分为祭炮、迎炮、送炮和放炮四个环节，同时进行八音队、腰鼓队、钱尺队、花扇队、八仙队和狮龙队等传统民间艺术表演。其间，还举行传统武术、球赛、田径等体育活动和外出创业人员座谈会、招商引资推介会以及敬老爱幼座谈会，扶助贫困学童，奖励优秀学子。

炮期前一天，全村群众自觉搭炮台、搭彩楼，到处张灯结彩，张贴对联、悬挂横额。

炮期这一天的清晨，锣鼓喧天，炮童队（由品学兼优的学生组成）和狮龙队把大花炮送到祭坛上，各家各户都把大花炮视为吉祥之物，纷纷前来烧香祈福。上午八时至九时左右，村中的狮龙队开始到各家各户拜厅。各家各户燃放鞭炮，迎接狮龙前来拜贺。然后村民们集中到村里的活动中心，给老人发放慰问金和慰问品，给品学兼优的学生颁发奖学金。接着表演文艺节目，讴歌党的好政策，反映农村新生活，展示村民昂扬向上的精神面貌。

下午三时迎炮送炮。彩旗队、擎炮队、八音队、腰鼓队、钱尺队、花扇队、八仙队和狮龙队等先后表演，再组成三百多人的迎送炮队伍，扛着猪头、抬着“仙公”游遍全村的主干道路以及巷子胡同。

下午五时左右，送炮队伍把大花炮送往彩旗飞扬的“炮台”。炮手依次燃放大花炮，隆隆的炮声震天动地，和着五彩缤纷的礼花满天飞舞。放完最后一个“炮王”，人们欢呼雀跃，互相涌进炮场，争抢着五颜六色的纷飞炮纸，当地人深信用彩炮纸孵鸡、鸭蛋能给全家带来好运。晚上各家各户都设晚宴招待前来庆贺的贵客和亲戚朋友。整个村子都洋溢着喜庆的气氛，祈求新的一年里风调雨顺、事业兴旺。

炮期狮舞

丰塘炮期以其独特的民族魅力和丰富的文化底蕴造就了独有的神韵，生命力长盛不衰。活动中八音队、腰鼓队、钱尺队、花扇队、八仙队、狮龙队等保留了古老的表演程式，群众喜闻乐见。近二十年来，各村在继承传统的前提下，摒弃陋习，树立新风尚，使“炮期”增加了许多内容，更趋于健康向上，更有利于乡村振兴，秉承传统树新风，欢欢喜喜闹新春。一年一度的炮期庆祝活动，活跃了群众的文化生活，还增强了人与人之间、村与村之间的团结和谐。

九月重阳闲逛马兰　竹编世界琳琅满目

农历九月九是中国传统的重阳节，这一天对于浦北县龙门镇来说更是特别，特别是马兰村，这一天既是当地的“岭头节”，也是当地的竹制品交易节。

“马兰一到九月九，来到街上不想走。”“九月九逛马兰，养大猪快出栏。”当地民谣如此描绘马兰九月九的盛况。

当天在马兰街道两旁和附近空地都设有摊点，石器、铁器、竹器、木器，各种工艺品日用品应有尽有。在满街的商品中，最为吸引眼球的当数竹制品。菜篮、提篮、摇篮、筛子、罩子、盖子、箩筐、簸箕……叫得出名称的叫不出名称的，平日见过的没见过的，大的小的长的圆的，统统都有。目及之处，简直是一个竹器世界，让人目不暇接。

重阳节的马兰街

在当地，有“九月九在马兰买的各类竹制品不易生虫，可以用到来年甚至多年”的说法。这也许是因为九九重阳，秋高气爽，阳气极盛，竹子的水分已经没有那么多，各类竹器自然不易收缩变形、长霉生虫，极为耐用。九月九在马兰买的竹制品不仅耐用，而且还有吉祥之意。传说把这一天买的竹器放在家里，能保老少平安、六畜兴旺，因此，“马兰九月九”便成为一种民俗，不仅马兰及附近的姜花、滑竹、林垌、江埠等村，还有龙门、小江、张黄、北通等镇的百姓，甚至还有不少人从博白、合浦、灵山专程来马兰赶集选购竹制品，即使是来探亲访友的也不忘买些带回去备用。只有六千多人口的马兰街，每到九月九这天，汇聚的人数都会超过五六万。当天竹制品的成交金额，少则二三十万元，多则五六十万元。这就是民间约定俗成的马兰“花开”。

马兰竹编交易场景

竹制品在当地的盛行，充分体现了浦北客家人的生活习俗和文化习俗。在客家人日常的衣食住行中，到处都可以看到竹的影子：竹椅、竹床、竹席、竹帘、竹筷、竹箩、竹篮、竹笠、扁担、禾杠、竹耙……这充分体现了竹子与客家人的生产劳动、日常生活息息相关。此外，因为竹子虚心、清高、顽强、坚韧、适应能力强等特点，也象征着客家人的顽强勤劳和高风亮节的品格，体现了客家人的竹子文化。至于人们对马兰竹制品情有独钟、厚爱有加，则反映了当地竹制品技术的成熟与精巧。今天的能工巧匠，在马兰传统竹器编织法的基础上，创新加入了藤编工艺，创造了风车编织、六角螺丝、精工编织等五十多种方法，工艺品种编号达一万多种，产品轻巧美观、款式独特、工艺精致，造型丰富，不仅深受本地消费者欢迎，更远销欧美。

在侨乡浦北，竹编成了连接地缘、亲缘、血缘的脐带，寄寓着浓浓的乡情，成为加强中外文化交流、沟通海内外华人、传承中华传统技艺的文化桥梁。

在浓浓的乡音里，马兰人用乡土独特技艺编织生活，编织着带有生命温度的乡愁和梦想。

赶集相亲谈婚论嫁　米粉里面大有玄机

钦州广泛流传着一个“黄屋屯炒粉”的故事，一盘寻常炒粉却有一种意料不到的特殊功能。

黄屋屯是钦州城郊的一个小镇，这里三日一圩。每到圩日，四面八方的群众来赶圩，购置好所需货物后，累了乏了总要坐下歇一歇，吃上一碗色香味美的黄屋屯炒粉来满足自己的食欲。

炒粉本并不稀奇，稀奇的是在黄屋屯吃炒粉演变成了与相亲有关的一个“仪式”。在以前物资匮乏的年代，能够吃上一份炒粉相当不易。适龄男女青年谈婚论嫁一般由媒人“牵线搭桥”，选定一个圩日相约到街上见面“相亲”。见面时，男方为了表示诚意，往往会通过媒人邀请女方到饭馆，点上黄屋屯炒粉边吃边聊。若是男方看上了女方，觉得有戏，会叮嘱老板“加肉”；如果看不上对方，那么炒的粉就没有肉。而如果女方看上了男方，便在对方询问炒粉好吃不好吃时，回答“好吃”。没戏的男女吃完这份没肉的炒粉便各回各家各找各妈，有戏的男女吃完有肉的炒粉后继续逛街。炒粉在黄屋屯象征爱情的典故，至今已有百年历史。随着经济的发展和社会的进步，如今的黄屋屯和全国一样发生了翻天覆地的变化。物质生活的改善，给农村适龄

黄屋屯炒粉

青年自由恋爱创造了广阔的舞台，但是，黄屋屯炒粉成就美好姻缘的故事一直在钦州广为流传，成为人们对那段岁月的美好回忆。

当然，黄屋屯炒粉除了相亲过程中的仪式感，其味道自然也不错。米粉采用当地优质稻米制成，入口润滑有韧性，缠缠绕绕，不易断裂。猪肉、猪肝、粉肠，米粉、绿豆芽、生菜，青瓜、红萝卜、番茄……每份食材配料少一样，都完成不了这份独特美味炒粉。食客在品尝炒粉时，不只是满足于其美味，更是在品味背后所蕴含的一种美好情感。

“黄屋屯炒粉”的故事就这样在民间流传下来，以至于现在说起黄屋屯炒粉大家都会心一笑，个中滋味全在其中。

海水也能种出稻米　红色颗粒补血含硒

钦州海红米，主要生长在沿海咸淡水交汇的滩涂，涨潮时就直接泡在海水里。因为向海而生，米粒呈胭脂红色，当地人形象地称它为“海红米”，又叫它“钦州赤禾”。

明朝嘉靖年间编撰的《钦州志》中已有钦州赤禾种植历史的记载，称其为潮禾、毛禾等。与一般水稻不同的是，钦州海红米株型高大，株高可达两米多，穗长二十厘米左右，谷壳黄褐色，谷粒扁圆形，有四五厘米长的谷芒。

钦州的海红米种植地域主要集中在大风江、钦江、大榄江、茅岭江等入海口咸淡水交汇的滩涂，生长期为五个月左右，一年一造，当年 5 月下种，10 月初即可收获。生长期间，海水会帮忙“锄草”“杀虫”，不施用化肥、农药即可顺利生长，而且海水中富含的微量元素，和海水中自带的鱼虾蟹等生物肥料，保证了海水稻的茁壮成长。海红米可谓真正的绿色有机无公害。

长在海水里的稻谷

海红米还被称为“药米”，富含多种微量元素、维生素及膳食纤维等营养物质，还含有丰富的花青素、黄酮等增加免疫力的有效物质。其中，蛋白质含量、铁含量、锌含量、钙含量是普通大米含量的二至三倍，对产妇、术后病人、抵抗力差等人群的身体恢复以及免疫力提高有极大帮助；特别是钦州海红米含有的花青素、黄酮等增加免疫力的有效物质，都是普通大米所不

海红米

利用海红米制作的美食

具备的成分，其中，飞燕草素、矢车菊素、矮牵牛素、天竺葵素、芍药素这些物质对清除自由基、增强血管弹性、改善循环系统、延缓衰老、降低胆固醇都起到很好的效果。

海红米用于传统的饭、粥煮食，还可以磨成粉，蒸制成各种食品，以及制成八宝粥等方便食品，这些食品香甜、软糯、滑嫩。有些地方还用手工炭火烤制成海红香米饼，香酥爽脆，散发着浓郁的大米香。

红米粥

珍稀野生椎林红菌　每年偶尔现身几次

在浦北县境内有一大片原始次生天然红椎林，在每年 5 月至 8 月高温高湿的气候条件下，红椎林特定的土壤腐殖层中，会生长出一种鲜艳夺目的纯天然食用菌，有人称其为“红菇”，但更多的人称之为“红椎菌”。

红椎菌色泽鲜艳，气味芬芳。用其煲成的汤，鲜红香甜，营养价值很高。红椎菌富含人体所需的维生素、氨基酸和抗癌物质——微量元素硒，可养血壮体、护肤美颜、延缓衰老，对孩童、母亲和老人特别呵护和眷顾，让当地人坚信这是大自然馈赠人类的最佳补品。

红椎菌是一种神奇的菌种，至今仍有许多谜团无人能解。比如并不是所有的红椎林都生长红椎菌，即使是同一片红椎林，它也只是在特定的地方生长。

浦北连片天然红椎林是红椎菌生长的天堂

国内外大学的许多专家、教授曾想对它进行移植或人工栽培，但历经十多年反复研究、试验，都以失败告终。

红椎菌无法复制、无法代替。它出于贫瘠，守得寂寞，感恩生它养它的土地，不离不弃，用自己特有的方式，回报大山里纯朴的人们。有林才有菌，有菌就有好生活，已成为当地农民的共识。浦北有目前全国最大的连片原始次生天然红椎林，面积为二十多万亩，已被列入国家红椎树保护基地。浦北人非常珍视这片自然生态，爱惜脚下的一草一木，誓言要守护绿色家园。

红椎菌

陈皮橄榄皆入月饼　长寿之乡创新美食

金丝五仁叉烧、蛋黄莲蓉、莲蓉冬蓉、老树陈皮月饼……咬上一口，软糯可口，回味留香。

在钦州，有一种味道，叫张黄月饼。浦北县张黄镇是“广西月饼名镇”，据《浦北县志》记载，清光绪十一年（公元 1885 年）开始，张黄镇人便开始做月饼，并走村串户去售卖，还发展成多家成规模的月饼作坊。

苏东坡诗中有云：“小饼如嚼月，中有酥和饴。”张黄月饼在制作工艺和口味上独树一帜，以其皮酥馅饱、松软香甜、色泽橙黄、油而不腻的特点

浦北陈皮

浦北橄榄

浦北陈皮月饼

风靡两广地区。紧跟时代发展，张黄月饼在用科技取代传统模具打饼的同时，在月饼的口味上也做了创新，研制出陈皮月饼、橄榄月饼等新口味。

浦北陈皮产业发展历史悠久。明清以来，浦北人民便有种植柑橘的习惯，素称“扁柑”之乡。到二十世纪八九十年代，种植面积和产量居广西之最，有着“世界每十块陈皮，就有六块来自浦北”的说法。陈皮“苦能泄，能燥，辛能散，温能和”。张黄镇的月饼厂家在传统广式月饼的基础上，将陈皮碾碎或磨成粉加入月饼中，既融入了陈皮甘、醇、香、甜的特有韵味，让月饼更加酥香、甘醇、可口，又可理气润肺、祛湿化痰、健脾养胃，理疗功效与口味兼备。陈皮与月饼这种巧妙组合，别具风味。初食陈皮月饼，软糯细腻中，带着陈皮独特的清新味道，香甜适中的口感，老少皆宜，每一口都能给味蕾带来最美好的享受。

橄榄有“天堂之果”之称，富含各种营养，利咽消肿、生津止渴，可解鱼蟹毒、醒酒安神，还可保护皮肤、促进血液循环、改善消化系统，在浦北也有不小的产量。一些月饼厂家就用“天堂之果”野生橄榄为原料做成橄榄月饼。通过古法熬制橄榄果榨取浓缩的橄榄汁，再将橄榄汁与各种果仁搅拌，制作成月饼。这种橄榄月饼，橄榄自带的轻微酸涩刚好中和月饼中糖分的甜腻，使口味变得回甘清香不油腻。

饭桌宁缺燕窝鲍鱼　不可没有钦州瓜皮

钦州当地有一句流传很广的话：“宁缺燕窝鲍鱼，不可没有瓜皮。”

钦州瓜皮并不是某种瓜的“皮”，而是用当地的黄瓜加盐腌制而成的。由于经过腌制后的黄瓜去除了大部分的水分，从圆形变成了扁状，呈现很多的皱褶，故称为“瓜皮”。

史载，钦州黄瓜始种于宋代，至今已有八百余年历史。钦州民间俗称“短藤白皮黄瓜”，明代林希元编著的《钦州志》记载：“黄瓜，性冷，伴肉条食之。”意为钦州所产黄瓜，有清凉解热之功效，可生吃，清津止渴；压榨腌制后，切粒伴炒肉，色味俱佳。相传，清朝道光年间，粤籍御厨锦长春选用钦州黄瓜，精心酿制了瓜脆，深受皇室青睐，从此，钦州瓜皮声名鹊起，堪称岭南一绝，与荔枝、龙眼一起被誉为岭南三宝。清末翰林冯敏昌对钦州瓜脆情有独钟，每餐必备，故黄瓜皮中的瓜脆王有“钦定之宝，龙享滋味”之说。

在钦州各地，种植黄瓜比较普遍，也习惯将黄瓜加工成瓜皮，但由于地理及气候条件差异，所加工出来的瓜皮质地不同，尤以那丽瓜皮最为出名。跟一般黄瓜区别的是，那丽原产的黄瓜因为生长环境的特殊性，瓜皮特别脆，即使是经过天然晒制、腌渍保藏后都依然能保持一种爽脆。

钦州瓜皮皮色鲜黄、质地嫩脆、鲜香可口，同时含大量对人体有益的乳酸菌，以及具有生物活性发酵生成物，食用开胃消腻，是一道很好的开胃美食。它可以和其他食材一起搭配炒，比如瓜皮炒螺、瓜皮炒辣椒、瓜皮炒肉等。

钦州瓜皮

民间美食神仙向往　猪脚配粉创造奇迹

钦州猪脚粉有着深厚的文化底蕴和历史背景，它的历史究竟有多长，已无法通过文字记载详尽追溯，但“闻到猪脚粉，神仙也打滚”，一语便道破了钦州人对猪脚粉的喜爱。

无论男女，不论出身，咬上一口脆嫩的猪蹄，喝上一碗香甜的汤水，绝对是一天最美好的开始。

然而，这碗看似简单的一碗猪脚粉，实则制作工艺颇为复杂。将猪脚用火烧、刀剃去毛之后，再经老抽上色和冰糖处理后，用油炸至表皮金黄起酥，再放入水中浸泡，让猪脚皮松软后捞起切块，和胡椒、草果、茴香、陈皮、八角、香叶、姜、蚝油、味精、料酒等配料一起焖煮，这样熬煮的猪脚脆而不硬，肥而不腻。而且所有的精髓都浓缩在这锅“猪脚汁”中。配猪脚的米粉，有大粉和细粉之分，根据个人爱好选择。米粉淋上猪脚汁后，猪脚酥烂可口，米粉细嫩滑爽，汤汁鲜浓香醇，三者完美融合，吃起来让人回味无穷。

粉摊上还放有炒好的开胃芋蒙、秘制的鲜香辣椒酱及超级下饭的豆豉炒辣椒，作为免费配菜供食客们取用。

猪脚的制作

猪脚粉

钦州的猪脚粉店随处可见，且大都没有什么优雅的店名，往往以老板的姓氏命名，比如尖山七嫂猪脚粉、肥佬猪脚粉、瘦姐猪脚粉、哨牙六猪脚粉等，它们隐藏在小街小巷中，散发着朴素而原始的香味。

米磨成粉打开格局　各款米粑争艳斗奇

钦州的老百姓离不开粑，不论婚丧嫁娶、日常生活、节庆年关，都要做粑来应景。粑是将稻米等谷类碾粉或磨浆，然后与不同配料制成的一种柔柔韧韧的糕，是钦州一道风味独特的美食。

钦州米粑林林总总名目繁多，不但有菜粑、艾粑、垃圾粑和菠萝粑，还有茶杯粑、水糕粑、木薯粑和白糍粑，儿时就开始听的吆喝“茶杯粑，又得吃又得捏”成为钦州老街人的童年记忆。

菜粑是最常见的民间特色粑。将萝卜、鲜肉、木耳等剁碎作馅，裹上米浆或木薯粉制成的外皮，蒸熟即食，或香煎再吃，咬之齿颊留香。

每年农历三月三，是艾草生长茂盛且最为鲜嫩的时节。钦州人会在这天做艾粑以庆祝节日。将芝麻和脱了皮的花生炒香、捣碎，拌上白糖做成馅，也有放碎肉菜叶做成咸味的。清明前后，钦州人也做艾粑，品尝亲情，思念故人。绿绿的春色，淡淡的草香，裹着浓浓的乡愁，一咬满口流香。

到了农历四月初八，钦州人又有吃垃圾粑的习惯。农历四月初八这天，大人常用木叶煮水洗澡，据说可以去痒止痱，清凉解毒。这天还是壮族人的传统节日“牛王诞”，即牛的生日。在这个特殊的日子里，人们将金银花、水君子、艾草、鱼腥草、雷公根、五指毛桃、鸡屎藤、白花草等多种植物的鲜嫩叶子与大米混合薗成粉末，揉制成粑，形状可圆可扁，还可以切成条与糖水一起煮着吃，味道甘甜清香，又韧又爽口。每到农历四月初八前后，深绿色的垃圾粑便会挤满钦州的大街小巷食品摊。至于为什么叫作“垃圾粑”，这是因为钦州每到四月初八前后这段时间，常常下大雨，雨水会把路上的垃圾冲进钦江，故有“四月八，大水推垃圾”的民谚。四月八节“小”事大，吃“垃圾粑”有带走晦气、预防疾病、促进健康、警示防洪等意味，深深嵌入了钦州老百姓的生活与情感。

白糍粑是古时人们逢年过节用来拜祭神灵与祖先的供品。春节前的几天，家家户户便开始制作白糍粇敬神，以示送旧迎新，祈求生活圆圆满满。年复一年，后来演变成日常食品，至今钦州人仍保持吃白糍粇贺岁的习俗。制作白糍粇要经过选米、配米、浸泡、磨浆、压块、水煮、搅拌、备馅、裹馅、黏合成圆等过程。走在老街巷口，叫粇声由远及近。一只只白糍粇绵软柔韧，憨态可掬，充溢着黑芝麻的香味，像极了那些个性纯厚、做事温吞的人们。粗朴的粇，填饱了曾经半饥不饱的肠胃，陪伴着人们度过了那些困顿岁月。

浦北县泉水镇位于县域最南边，历史悠久，物产富饶，是古越州府所在地。每年9月至11月，是木鳖子成熟的季节。泉水人喜采集木鳖子来做粇。将米浸泡后与木鳖子里的囊磨成浆，压制成饼，与糖水煮熟后捏成团，再加入芝麻、白糖之类的馅料，做成圆球状的食物，这就是木鳖子粇。木鳖子粇绵软柔韧，扁圆温暖，金黄如小太阳，色、香、味、形俱佳，常吃有清凉、消肿、散毒之功效。制作木鳖子粇的时候往往是家中的大人和小孩齐上阵，分工合作，场面其乐融融。每逢红喜事、建房开业、孩子满月等特殊日子，泉水人也喜欢制作木鳖子粇作为回礼分发给亲戚朋友，寓意红红火火、富贵双全、百子千孙。每到木鳖子成熟的季节，泉水街上甚至通往合浦北海的公路主干道边，随处可见头戴着尖海笠、手捧着盛满木鳖子粇小簸箕的小贩，一边向客车上的乘客挥手，一边大声喊着："吃粇吃粇！新鲜靓粇！"

钦州适宜种植木鳖子、淮山、花生、木薯、红薯等作物，因此木薯粇、寿头粇、大笼粇、菜心粇、槐花粇，应有尽有。还有一种鸡窝粇，通常选用早春时期

木薯菜粇

艾粇

白糍粇

木鳖子粇

鸡窝粇

垃圾粇

的大米，浸泡数小时后磨成米浆，然后将米浆倒入小碗送入蒸炉蒸制四十分钟。这种米浆较为粗糙，蒸熟后不会过于黏稠，而且呈现出一个个小窝的形状，因此得名鸡窝粑。鸡窝粑清香爽口，既是点心又能饱腹，深受民众喜欢。

离开家乡的钦州人，心中最牵挂的便是各种美味的粑。在探望老人和小孩时，粑是不可或缺的礼物。新娘子回娘家时也常常左手一笼右手一笼地带着粑。做粑吃粑，是一种烟火气，是一种归属感，是钦州人心中永恒的记忆。

层层叠叠鲜嫩爽滑　吃簸箕炊粑过“鬼节”

每年农历七月十四这天，在民间被称为“鬼节”，相传这一天鬼门关大开，一般人没有什么特殊情况都会留在家里，避免出门“撞到鬼”，对自己不利。钦州人过鬼节有宅在家里吃簸箕炊的传统，认为这样可以消灾辟邪。

簸箕炊，因采用竹篾编制的簸箕为盛具，将米浆蒸熟成水糕而得名。在笼罩上开一孔用于添加米浆。制作时，将精心磨制的米浆倒入簸箕中，均匀摇晃，并采用大火快速蒸煮。待第一层完全蒸熟后，再从笼罩开孔处倒入第二层米浆继续蒸。如此反复，直至蒸上十多层。待全部熟透后，使用锋利的刀具将其切成网格状，以便于食用。

簸箕炊

簸箕炊由于制作简单方便，口感滑嫩可口，且适宜各年龄层人群食用，因此逐渐从祭祀供品演变为一种寻常美食。在食用时，通常将小芝麻与蒜泥、酱油、花生油混合作为佐料，将簸箕炊切成小方块，然后直接蘸着配制的佐料食用。或是将蒜泥放入油锅中爆香，随后加入切块的簸箕炊进行快速翻炒，再倒入酱油、辣椒酱调味，出锅后即可食用，这样的烹饪过程会使簸箕炊的风味更加独特。

没有最大只有更大　灵山大粽好看好吃

灵山大粽是钦州灵山人逢年过节必备的美食。

“无粽不成年”，包大粽过大年是灵山人过年的一种传统习俗。每年春节期间灵山城乡几乎家家户户包大粽，可见大粽在当地人心中的分量。

包大粽可以追溯到很久远的历史。据《南齐书·明帝纪》记载，太监进御食，有裹蒸。帝曰：“我食此不尽，可四片破之，余充晚食。”裹蒸之极大者，容馅甚多。由此说明大粽的历史最早可以追溯到南北朝时期，当时叫裹蒸。过去一家人一起吃粽子，很是讲究，先由老人起筷夹食后，其他人才能动筷。

灵山大粽以其独特的风味和丰富的配料而闻名。大粽主要使用灵山地区生产的优质糯米作为主料，并配以磨碎且去皮的绿豆。在制作过程中，采用

灵山大粽

一层糯米和一层绿豆的叠加方式。在中间部分，会铺上切成条状且腌制入味的半肥瘦猪肉，以及其他馅料，例如绿豆、板栗、猪脚、虾仁和腊味等。最后，使用本地被称为“冬叶”的叶子将其包裹起来。这种叶子含有丰富的叶绿素，用它包出来的粽子表面会呈现出碧绿色。经开水烫过（俗称“杀青”）的冬叶，会散发出清新的香味，而且变得非常柔软，可以任意折叠而不会断裂。这种叶子非常适合用来包粽子。普通的灵山大粽一般用十二到十五张叶子包裹，粽子越大使用的粽叶越多。小绳捆绑结实后的粽子外形棱角分明，放入锅中熬煮不易变形。将包好的粽子放入锅中的过程，只能由一个人来完成。在灵山当地有一种说法：一个人放粽子，体现出对祖先神灵一心一意虔诚的态度，这样熬出来的粽子才能熟透。

手工包制，大火熬煮，彻夜沸腾。大粽出锅后雾气腾腾，散发出粽叶阵阵的清香。糯而不糊，肥而不腻，美味可口，营养丰富。

灵山大粽状如枕头，以个大味厚著称。最小的有一斤多，最大的可达上百斤。随着人民生活水平不断提高，大粽也越做越大，特别是有些商家举办营销推广活动时屡创新高。成百上千的百姓分食一只大粽，场面甚为热闹和谐。

在灵山的大街小巷，任何时候都可以吃上大粽。灵山大粽成了馈赠亲友的佳品，还走向国内外市场。在广东、海南等省，甚至东南亚各国，都能看到灵山粽子的身影。

岁月悠悠，粽香缕缕。粽子传承至今早已不只是包裹一种口味。团团圆圆、光宗（粽）耀祖、传宗（粽）接代……灵山大粽包着亲情美景，一家人在一起吃一个大粽子，象征团圆吉祥。灵山大粽俨然成为人们对家乡的一种情怀，无论身处何处总有一股家乡的味道萦绕在心头。

灵山大粽

则天之母来自灵山　遗嘱后人建寺念恩

唐朝初年，钦州灵山武利场有个关于“风水”的童谣：“上不到七里桥，下不到三里江，谁人找得到，家中出女皇。”

三里江畔一个叫蜜蜂笼的小村落住着一户人家，夫妻俩年近半百，以打鱼为生，膝下有一女孩。

灵山县武利镇蜜蜂笼村

这天，一位朝廷官员到南方巡察，从廉州乘船来到武利三里江，突然乌雷滚滚，一场大雨倾盆而至。为安全起见，属下将这位官员送上岸找个地方躲雨，刚好寻到渔夫家。官员在渔夫家看到女孩，觉得容貌不凡，于是诚恳地向渔夫夫妻俩表达了收养这个女孩的愿望，并安排好他们后半生的生活。雨过天晴，官员即带上女孩回京。

这位官员返京后，女孩在优渥的环境中生活了一段时间，识文断字，颇有大家闺秀风范。谁知好景不长，官员因病过世，家道中落，女孩只能另觅收留之所，最后在出身弘农杨氏的杨达家中当侍女，之后几十年一直侍候杨家，并改随杨家姓，人称杨氏。但因身份低贱，直到四十二岁杨氏都未婚嫁。

山西省文水县人武士彟早年做生意富甲一方，之后辅助李渊和李世民有功，位居二级功臣，授金紫光禄大夫，此后又担任检校右厢宿卫，成为皇宫近卫军将军。武士彟勤于王事，公而忘私，其小儿子与结发妻子先后离世，他都不曾告假回家处理后事。唐高祖李渊获知，深受感动，就让自己的女儿桂阳公主给武士彟找个续弦。

桂阳公主下嫁的正是杨达堂兄杨士雄之子杨师道。公主觉得父皇如此重视，而且武士彟也是个有前途的忠心之人，肥水不能流外人田，便一下子想到了杨氏。

因为家中的变故，自己又专注于公务，武士彟本来对婚事已无念想，看到杨氏虽然年纪不小，但从未婚嫁，而且知书识礼，与一般丫鬟侍女大有不同，便同意了这门婚事。杨氏也争气，婚后第二年就生了长女，第四年生下后来无人不识的武则天。

武则天幼年时叫媚娘，小时候的生活很漂泊。武士彟死后，同父异母的两兄弟将杨氏和她们两姐妹赶出家门。她们最后只能又回到杨师道家中。杨师道动用关系将武媚娘送进宫中当了五品才人。

武媚娘在宫中将自己的聪明发挥到极致，趁唐高宗在病中，让手下许敬宗私拟诏书，说自己出身名门，母亲杨氏乃高门大族，“可立为皇后”。诏书一颁，武媚娘就名正言顺地坐上了皇后之位，再后来改名则天，登上极尊皇位号令天下，率领大唐走向另一个高峰。

武则天在上位的过程中，迫于当时争权夺利、危机四伏的形势，将很多历史都抹去，包括自己母亲真正的出身，将母亲抬升为“高门大族”，所以高门大族的出身只是在武则天口中提及，正史中很少记载。

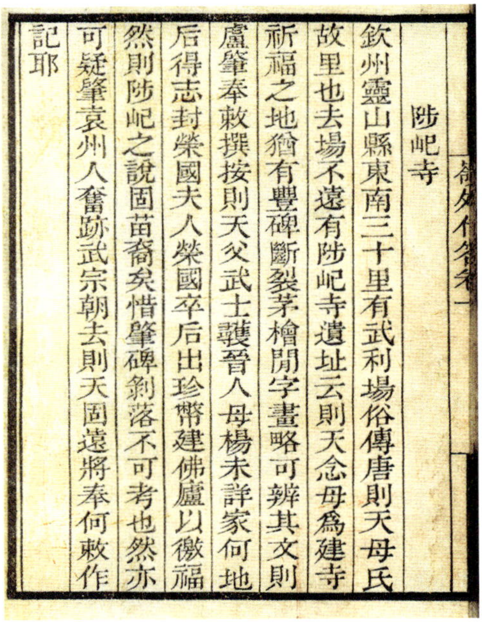

陟屺寺
欽州靈山縣東南三十里有武利場俗傳唐則天母氏故里也去場不遠有陟屺寺遺址云則天念母為建寺祈福之地猶有豐碑斷裂茅檜間字畫略可辨其文則盧肇奉敕撰按則天父武士彠晉人母楊未詳家何地后得志封榮國夫人榮國卒后出珍幣建佛廬以徼福然則陟屺之說固苗裔矣惜肇碑剝落不可考也然亦可疑肇袁州人舊跡武宗朝去則天固遠將奉何敕作記耶

周去非《岭外代答》中提及武则天念母建寺

儿时漂泊，母女相依为命，武则天对母亲是有很深感情的，但直到母亲去世，甚至直到自己临终，除了荣国夫人的称谓，自己都不能为母亲做些什么，但武则天自有安排。

转眼到了宋代。到钦州任教授的周去非在他的《岭外代答》中以一篇《武婆婆》记述，坊间传说武则天的母亲本为钦州人，钦州当地都祭祀她，尊称她为武太后娘娘，俗称武婆婆。

喜欢访古的周去非还实地到了俗传的武则天母亲故里勘探。在钦州灵山县东南三十里的武利场，他见到了一座陟屺寺，是唐代为缅怀武则天母亲而建的寺庙。在茅草之中，周去非看到尚存的石碑上的部分字迹。周去非在他的记述里还加了段按语：据考查，则天的父亲武士彟是晋人，母亲杨氏，不知是哪里人。后来武则天上位，封母亲为荣国夫人；荣国夫人去世后，武则天出资给荣国夫人建造佛庐以祈福。而根据碑文来看，周去非认为武则天是嘱咐了“苗裔”也就是后人在她驾崩后再代她完成此事。当朝时，武则天的确不能因纪念母亲而承认母亲出生于远在岭南天涯的武利场。但因为碑文残缺，这个陟屺寺的建成时间离武则天去世已很久，且写碑文的卢肇是奉谁之命而为之，则让周去非疑惑。

卢肇当年曾因事被贬谪春州，即今天的广东阳春。当时宁氏家族是岭南三大望族，阳春是钦州宁氏家族的势力范围，所以卢肇此时此地奉敕为武利场的陟屺寺写碑文也是极有可能的。可惜，到了今天能证实杨氏身世的陟屺寺已湮没在历史中。武则天之母来自钦州灵山，也只能成为传说了。

明朝太祖元璋后人　孙子玄孙结缘钦州

朱元璋当年实施“高筑墙、广积粮、缓称王”的战略，以及抗击倭寇匪患的行动，曾极大影响了钦州这个南方的边陲小城。从钦州湾至辽宁金州湾漫长的海岸线上，明朝廷曾设置五十三座卫城和一百零三座所城，并对原有的城墙进行加固，钦州城就是这项宏大工程的南方起点。而修建城墙的砖，则出自钦江龙窑，自此还催生了钦州坭兴行业的规模化生产。

但朱元璋的一位孙子和玄孙在钦州的故事，人们倒是鲜有所闻。

话说明朝初期，燕王朱棣起兵谋反攻打侄子建文帝。朱允炆一把火烧了皇宫，然后失踪。此事成为谜团困扰朱棣一生，他为斩草除根布下天罗地网，甚至传闻郑和下西洋的任务之一就是到东南亚寻找建文帝。坊间关于朱允炆逃遁路线成千上万，其中就有一条是往两广方向一路南逃。

传说建文帝曾留宿过的钦州老雷庙

传说建文帝一路逃至钦州，已是饥寒交迫，无力前行，只能躲进一座叫老雷庙的乡村庙堂。老雷庙是钦州最古老的庙堂之一，位于今钦州市钦南区沙埠镇大石古良屋垌村，始建于元代仁宗时期（公元 1312 年—1320 年），距今已有七百余年历史。

据当地人世代相传，老雷庙所在地是一块被称为“飞凤饮水”的风水宝地。在元仁宗时期，茶山叶氏祖先叶老太公看中此地的风水，欲在此安葬祖坟。但骨坛下葬之时，乌云笼罩，电闪雷鸣，狂风大作。众人不知所措连忙跪拜天地。叶老太公请名师再择良辰欲二度下葬。一束雷电从天而降，将叶家祖先的骨坛从坑中抽出。江边发出一声巨响，一条水龙腾空而起，口喷大水将下葬之地冲平。众人皆被吓倒在地。

奇怪之事再度发生。一天，叶老太公刚用过晚餐坐在藤椅小憩，此时西边落霞异常的红。叶老太公望着望着，很快进入梦乡。梦中见一道人脚踏祥云向其飞来，说："飞凤饮水乃是仙家道场神圣之宝地，是玉皇大帝赐予九天应元雷神普化天尊作为道场修建庙宇用的，私人绝不可以占用。那里有棵古树，树下埋有一坛白银，你将其取出修建一座雷神庙，剩下的留给你作为发家之用，如此便可保你叶家世代兴盛。"说罢道人便化作一阵清风而去。

梦醒后，叶老太公来到古树底下，刨开树根果见一坛白银。修建庙宇奠基之时，彩云缭绕，清风沁人，远处五条金龙飞来，每条金龙口衔一个石香炉分别放在五根树杈上。这就是雷神庙的由来。

话说建文帝在饥寒交迫之际，望着庄严肃穆的雷神塑像昏昏欲睡，梦中雷神显灵对其说："追兵已经临近，此地不宜久留，祭台上有一副三牲祭品，你吃罢充饥后就往江边去吧。"建文帝从梦中惊醒后，果然见祭台上有一副三牲祭品。他吃罢祭品走向江边，见一老叟划着一叶小舟前来接应。由此建文帝便一路向西南逃。

清朝初期，大批明朝遗臣在东南以及西南地区建立偏安政权，这对清廷造成了不小的威胁。于是清廷当朝者便派兵大举南下清剿明朝遗臣。清兵挥军南下一路烧杀掠夺，势如破竹，沿途百姓闻风丧胆流离失所。清兵由东南沿海一路向西推进，钦州被战火波及在所难免，为此钦州百姓纷纷外逃，有钱的逃往海外，没钱的躲进深山。老雷庙附近的村民无钱外逃无山可进，于是便集资买祭品请求雷神指点出路。祭拜完毕，钦江之水突然上涨，江面上出现几十艘船只，村民们知道这是雷神指点他们从水路逃走，于是纷纷上船到海上小岛安顿。清兵到后，狂风大作暴雨倾盆，阻断了追剿的路。村民们在老雷庙的庇佑下得以免遭残害。

几百年来，老雷庙历经战火洗礼，几经破坏几经重建。今天重建后的老雷庙殿宇轩昂，结构严谨，庙堂依着"飞凤饮水"的宝地拔地而起，天台龙旗与彩旗相映衬，又因寺庙临江而建，于天台处坐观钦江之水潮涨潮落，可谓"舳舻千里，旌旗蔽空"，更有"望江楼，望江流，望江楼上望江流"的

朱千岁坟

仙家意境。庙门左边是著名的狮子头山，远远望去就像是“双狮起舞”，正应了那句“庙堂门前双狮舞，信众进香万代兴”的古话。

老雷庙隔江正对着猪头岭，这让老雷庙有了依飞凤饮水之姿，作畅饮猪头之势。除了有猪头岭呈跪拜供奉之势，更有尖山文笔峰相伴。文笔峰与狮子头山一文一武伴门前，寓意着前来朝拜之人子孙后代文武双全。

朱元璋九世孙中有个叫朱统鉴，后人称他为朱千岁，千岁是他死后邑人对他的尊称。据民国时期出版的《灵山县志》载：朱统鉴是明太祖朱元璋第十七子（封为端隐王）的后代，世居江西石城守府。明朝灭亡后，被南明桂王封为镇国将军。

公元 1644 年，清顺治皇帝即位。不久，清军大举南下，明皇室人员流散各地，朱统鉴也随朱由榔等来到广东肇庆。朱由榔当上了永历皇帝后，认为灵山地处粤西，北控西江，南向廉州北海，是一个政治军事要地，因而钦定朱统鉴来灵山负责军事、政治重任。公元 1647 年，即永历元年初，也是清顺治四年初，朱统鉴来到灵山，执掌灵山县的军政要务，把全县二十二个里（一里相当于现在的一个镇）治理得井井有条，得到了灵山人民的拥护和爱戴。

清军于公元 1646 年冬先后攻破广州、肇庆，次年攻下并接管廉州府。顺治五年（公元 1648 年），清军围攻灵山，有“挞子到城三月三，扎在灵山三海岩”之说。清兵从西门入，一直攻到县衙门，朱统鉴闻讯提刀刚出大堂，即被一颗钢铁丸弹射中胸膛，他手执钢刀负痛跃上中堂斩了三根桁木才倒下。清军见朱统鉴死了也不再理会。朱部将谢天封将其尸体收敛。朱统鉴的妻妾请来僧道，“七七”修斋超度圆满，打算运回江西老家安葬。灵柩起运那天，灵山县城及城郊百姓前来送行，大家悲悲啼啼，久久不愿离去。

当时，朱统鉴灵柩刚抬到大路边，就天色突变，电闪雷鸣，风雨交加，“缆断金棺重如山”，几个抬棺人随即走散避雨。次早雨停，大家赶来欲继续抬行，岂知经一夜风雨，蚂蚁竟衔泥把朱统鉴的棺材盖过了半边，众人叹为天意，说是朱统鉴不愿回老家，想留在灵山继续为灵山人造福。于是大家就地埋葬，即成今天的千岁坟。该坟地正是“来龙便见皇帝岭，面前正对马鞍山”，“沙洛木根罩墓堂”。

朱统鉴既已葬在灵山，原本打算护送其棺柩回原籍的妻子只好独自回去，留下的小妾经人介绍嫁给乌官塘的一位中年汉子。成婚那晚，新郎步入新房，双手撩开蚊帐，却见朱统鉴端坐床中，手持宝剑，怒目而视。新郎被吓得魂飞魄散，不几日就呜呼哀哉。小妾又下嫁钦州平吉的颜漂官，但时过不久，颜郎也死了。最后找到过去曾为朱统鉴部下的郭某结为夫妻。其时小妾已怀

每年农历正月十五，灵山民众均到千岁坟前举行祭拜祈福活动

着朱统鉴的遗腹子，不久便产下二子，长子取名朱石，次子取名朱和，现其后裔在钦州一带已繁衍成大族。

朱统鉴死后，民众皆尊称其为千岁公。每逢遇天旱，村民纷纷到朱统鉴坟前祈雨，据说无不灵验。县志载：咸丰七年贼陷灵山县城，官兵每出队接战，都见神助，所向披靡，贼反而自相践踏，人们一时以为将军显圣。贼恶其灵异，率党抵墓挖掘，但均无所获而止。过去清朝官员到灵山接任，必先到朱千岁墓前，燃香秉烛拜祭之后才入城。数百年来，每年农历的正月十五，各地许多道师班都来这里做“功德”，纪念其诞辰，祈求朱千岁保佑地方风调雨顺，人民幸福安康。

岳飞后人流放岭南　十三棵荔树赠板城

奸臣秦桧将精忠报国的岳飞父子陷害后，听说广西藩王与岳飞结怨殊深，便罗织罪名将岳夫人及岳家子弟等十三人，还有岳飞的部将家属，流放到穷乡僻壤的钦州，欲假借藩王之手继续迫害他们，斩草除根，置岳飞后人于死地而后快。

岳夫人一行二百之众从南京经福建，历尽艰难来到岭南，正是荔枝成熟的季节。一路鞍马劳顿，众人身心疲惫不堪，突然看到万山红遍的南方美景，心情顿时好了起来。

岭南百姓知道这些人是爱国将领岳飞的家属和部将，纷纷敬茶献食，还送上美味的荔枝给他们品尝。岳夫人深感民心诚意，但也严格要求自家人，

十三棵荔枝树目前仍存六棵，长得郁郁葱葱

吩咐每人只能收下一颗荔枝以示对盛情的感谢。到达广西藩王府时，十三颗荔枝早就已吃完，但岳家人舍不得丢掉荔枝核，将它们珍藏起来。

本来以为到了仇家的地盘，一段新的屈辱即将开始，岳夫人一行等待着厄运的到来。既然生死有命富贵在天，那就一切随遇而安吧。看破红尘的岳夫人与其丈夫一样深明大义，早将生死置之度外。

万万没有料到，广西藩王却是一个深明大义的好人，他对岳飞的受害由同情转为敬佩，早已抛弃个人恩怨，不但善待安置好岳家众人，对他们关怀备至，还免除他们的牢役苦差。

岳夫人听说钦州附近有古窦岭和六峰山，两山都有名庙，便嘱咐儿子们去烧香许愿。岳家兄弟走到板城的埔脚村时天色已晚，便在当地留宿。当地百姓得知他们是岳飞后人，备上上好的饭菜美酒宴请他们，并安排村民为他们引路。岳家兄弟深感当地人的盛情好义，无以回报，便将珍藏的十三颗荔枝核拿出来亲手种下。

天长日久，岳飞后人亲手种下的十三棵荔枝如有神灵护佑，虫蚀不枯，风刮不倒，渐渐长成大树，直至今天仍果实累累。品尝过这十三棵荔枝的路人过客纷纷携核返乡广种，板城“十三棵荔枝”声名远播，埔脚村也因此改名为“荔枝岐”。

景公忠诚感召日月　身后显灵守护龙门

龙门岛位于北部湾，扼茅尾海通向钦州湾外海的咽喉要道。因茅尾海出口两侧的山脉蜿蜒起伏如龙状，东西对峙如门，此岛又是水上进出钦州的门户，故名“龙门”。

位于龙门岛东边的一个小岛，名耀武墩，俗名景公墩。岛上有个景公庙，原名“忠显伯庙”，乾隆元年（公元1736年），为纪念龙门港协副将景慧而建。庙门牌匾上书“忠显伯庙”，门两侧原对联为“忠诚昭凤阙，显赫镇龙门”，今为“忠诚昭日月，显赫护龙门”。

景公，姓景，名慧，福建汀州人，清雍正二年（公元1724年）到龙门港协任副将。他为人忠诚正直，智勇过人，在视察南沙时出事，溺水而亡。传说景公的尸骸并没有飘远，而是飘回龙门，逢天阴下雨，尸骸便会“呼呼”地叫，不久就有台风到来。当地的渔民找到景公尸骸，将其葬在耀武墩，专门建了座庙，即景公庙。自此，每年农历十月初四，附近乡民均到庙拜祭，既是纪念景公的恩德，也是祈求平安。这一祭祀习俗一直沿袭至今。而每次出海捕捞前，乡民们也都会进香祈福，祈求景公保佑自己驱舟捕鱼平安而归、丰收而归。

群众对景公的景仰代代相传。景公庙曾于乾隆五十八年（公元1793年）重修，嘉庆十八年（公元1813年）重建，新中国成立初期塌毁，近年又再重建。

“大清国师”通晓风水　任职钦州体恤民情

康基田，清代山西兴县人，因擅长“看风水”，被誉为“大清国师”。康基田一生的主要贡献在治水方面，著有《河防筹略》《河渠纪闻》，这两部著作是中国水利科学史上的重要遗产，书中提出的“治河之法，首在束水攻沙”后世还在沿用。康基田在文化界也享有盛誉，他的《晋乘蒐略》是一部大型编年体山西通史长编。

乾隆二十二年（公元 1757 年），康基田中进士，开始为官。乾隆三十七年（公元 1772 年）七月，他出任钦州知州。其间，他为政勤奋，为官清廉，爱民如子。因他通晓风水地理，钦州坊间有很多关于他“看风水”的传说。

话说康基田刚到任钦州时，对钦州的垣局大为惊奇。州府面前龟蛇鱼蚓禽星兽星无数，平山作印浮水面，腰间带印宝鸭石，还有文笔峰宛如北辰镇塞，几个关水口收尽百川之水，不同凡响。只可惜格局已被破坏，他认为要改变这里的风水，需要在龙岗筑星峰。他用绳子穿大海碗和红豆，埋在今天城内龙岗的“龙颈”处，填上厚土，然后找来一百名街坊，命他们从“龙颈”走过去，并规定绝对不能回头看，违者“斩无赦”。偏偏有个“硬颈佬”在走过时回头看了看。康基田见状高兴得大笑起来，高声说钦州的风水还会有出头之日，当然那个“硬颈佬”也没有被斩。

康基田第一次微服私访灵山时，请了两个轿夫抬轿，沿途走走停停，除了察看民情、打听吏治之事外，遇到高山即登山观瞻，两个轿夫虽然觉得这老头很奇怪，但也尽心尽责做好抬轿和服务工作。

进入檀圩境，来到三坡竹村，康基田见轿夫很累了，便让他们停歇。在闲聊中，康基田忽然问：“抬轿这么累，你们愿不愿意让子孙后代也继续抬轿？”两个轿夫回答说，那还用问，要是有选择，谁愿意子孙后代还干这个？康基田便说：“你们到村里去借锹和锄来，我带你们去封口地，安葬你们的先人后，子孙后代就会享受荣华富贵。”

康基田

两个轿夫将信将疑向村里走去，其中有一个说："这老头是不是想找个理由支开我们然后开溜，就不用给我们抬轿钱了？"商量了一下，便磨磨蹭蹭回头，对康基田说，村民不肯借锹锄。康基田把一切都看在眼里，叹息道："我是见你们太辛苦，而且一路上对我照顾有加，想帮你们个忙。不怪你们，生死有命，富贵在天。既然这样，那就继续赶路吧，到时候我给你们双倍抬轿钱就是了。"到灵山县衙后，康基田果然给了他们双倍的钱，这时两个轿夫才知道康基田是个大官，想到那件关于风水的事应该是真的，懊恼不已，但已经迟了。

相传康基田游过六峰山后，令当地官员在六峰山北帝庙右前方处建一座三清观，且留下"六峰宝山"题字，三清观开光之后香火鼎盛。

关于康基田对民情的体恤，坊间还流传有一个故事。钦州海边自古种植一种可在海水中成长的水稻，产出的米是红色的，叫作海红米。朝廷获知这种异米后，命康基田进贡些尝尝。康基田知道这种水稻产量非常低，万一真成为朝廷贡品，就和合浦进贡珍珠一样，最终苦的是百姓。于是康基田回禀说，此米过于粗糙久煮不熟，难登大雅之堂。最终此事不了了之。

乾隆四十四年（公元 1779 年），康基田调任开封府知府，此后三十年长期兼任主管河防事务。嘉庆十八年（公元 1813 年），康基田在北京寓所病逝，享年八十六岁。

五皇仙山美丽神奇　民间传说脍炙人口

浦北县的五皇山，美丽而神奇，以石奇山峻、云海神峰而闻名，可谓山巍、水澈、石怪。

关于五皇山，还有一个神奇的传说。

五皇山山脉南侧有一条余脉叫通天岭，通天岭靠西的那座山外形好像一把巨大的座椅，后有靠背，两旁有扶手，形似皇帝座椅，当地群众称它为“皇帝殿”。皇帝殿山坐北向南，其北面背靠五皇山主脉，南面则是一片低矮的小丘陵，这些丘陵就像是面向皇帝跪拜的大臣。皇帝殿山上还有两块奇特的巨石，一块叫将军石，另一块叫大鼓石；皇帝殿山旁边的山峰形似马鞍，叫马鞍山。相传，皇帝殿山中有一神秘的龙穴之地，有福气之人找着这个风水宝地，将其先人骨骸下葬，后人会出五代皇帝。

传说很久以前，通天岭山脚下住着一位孤苦伶仃的邓姓少年，因其性格内向，话语不多，做事怪异，大家都叫他“古佬”。邓古佬自幼丧父，由母亲一手拉扯长大，母亲去世后，他却只能草草安葬。

邓古佬以给同村财主放牛为生。每天天一亮，他就赶着牛群上山，天天如此，风雨不改。一天中午，追随牛群来到大鼓石旁，邓古佬折了两根树枝当筷子，爬上大鼓石上吃饭，吃完饭便躺下睡觉。睡得正香时，被牛蚊苍蝇叮醒的邓古佬烦恼地用那筷子拍打，一打打在石头上。这一敲打可不得了，旁边的将军石动了起来，吓得邓古佬惊慌地将牛群往回赶。与此同时，遥远的北方皇宫鼓声大作。文武百官觉得事情怪异，建议皇帝请国师来占卜。国师预测到五皇山这个地方是要出皇帝的风水宝地。皇帝于是下旨，派国师到合浦郡处置。

国师与当地郡守一路寻访，来到如今浦北县白石水境内时，前头引路的两面头锣突然变成了哑锣，怎么敲也敲不响。国师心知有异，忙下轿四处观察，发现了那座形似“龙椅”的大山。国师意识到，那可能孕育皇帝的风水宝地就在此山中。国师秘密上山考察，发现了将军石和大鼓石，找到了那风水宝地。同时经过寻访观察，了解到经常上这座大山的只有邓古佬一人。为了更深入了解邓古佬，国师便化装成一个脏兮兮的老乞丐，假装饿晕在邓古佬回家的路上。邓古佬发现了他，不顾脏臭和麻烦，将国师背回家中悉心照料。经过反复的考察，国师认为邓古佬心地善良，如果成为皇帝，老百姓会受益颇多。于是，国师对邓古佬说："实话告诉你，我是风水先生，在你经常放牛的山上发现了一块风水宝地。我看你相貌堂堂，为人善良老实，又救了我一命，我要帮助你。今特赠予你那块风水宝地，我帮你定个日子时辰，你按我说的去做，日后定会出五代皇帝。只是此事重大，切勿泄漏天机。"邓古佬倒没想那么多，只是说："老母亲去世后草葬三年，正想找一块好点的地移葬。"当即拜谢了国师的赠地之恩。

国师说："在下个月某日晚上某个时辰，你自己一个人偷偷将你母亲的骨骸挖出，放入骨缸，用黄泥拌木灰封好；第二天三更自己一个人挑骨缸悄悄上山，在山上某处找到长有三根金黄色大竹笋的地方，砍掉竹子，挖下去会见到一口石棺材，移开石棺材板，等到见齐'头戴铁帽''马骑人''鲤鱼上树'等三件事出现时再将骨缸放入石棺材中，这时石棺材板会自动飞回盖好。然后回土完坟，插上三三九炷香，摆上三牲，同时摆上一盆清水，架上三根黄茅，三叩九拜，烧了纸钱，三根黄茅会变成三支硬箭，你将那三支箭一支一支扔向正北方，再沿着来时的路原路返回，不管遇到什么情况都不能绕路走。切记切记，一定要见到那三件事才能下葬，否则会招来灾祸的！风水宝地只有有福之人才得。你虽有福分，但还有不可逾越的'天戒'需要遵守，若是违反，则祸福难料矣！"

到了下半夜，邓古佬睡得迷迷糊糊时又听到国师在说："谋事在人成事在天，邓古佬你好自为之！"等睡醒时国师已不见踪影。

下葬的日子到了。邓古佬按照国师的指点，找到长有三根金黄色大竹笋的地方，砍掉竹子，挖下去果然见到一口石棺材，他移开石棺材板，然后坐到一棵大树下休息等待。

邓古佬忽然看到山脚下一人头顶肩扛着一口铁镬从圩上往回走。邓古佬心头一亮：这不就是头戴铁帽了！

日过中天时，邓古佬看到一队做"斋"的队伍正在大路上缓缓前行，锣钹唢呐奏得震天响，纸扎的"金山""银山"在太阳的照耀下闪闪发光，最显眼的是那匹纸马，四尺来长二尺来大的纸白马被一个人扛在肩上。看呆了的邓古佬不禁灵光一闪，拍手跳起来叫道："这不就是马骑人吗？"至此，三件奇事已见了两件，邓古佬相信了国师之言，也就更耐心地等待第三桩奇事的出现。

邓古佬等待着，可是看看日已沉西，只有他一个人守在这荒山大岭上。邓古佬心中暗想，这"鲤鱼怎能上树"呢！世上根本不可能有鱼上树的道理。于是他越想越糊涂，越想越焦急。这时，只感觉山风怒吼，枝动树摇，猿啸狼嚎，邓古佬越想越怕。他再也把持不住自己。若不赶快把亡母骨骸下葬，恐怕连自己的小命也难保。于是他忙弯腰抱起亡母的骨缸，小心放入石棺材中。只见骨缸入石棺后，石棺材板随即飞回自动盖好。邓古佬走出棺材坑，准备回土堆坟时，忽见一只乌鸦叼着一条小红鲤飞到不远处的一棵树上，见此情景邓古佬这才醒悟过来，可是来不及了。突然山摇地动，山石翻滚而下，石棺材已下沉得无影无踪，地面顿时变成怪石成堆，竹木丛生。邓古佬后悔不已，只好悻悻下山回家。回到半路见到一条巨蟒横在山路中，他害怕极了，赶紧绕路走开。

由于邓古佬不按国师的嘱咐提前下葬亡母的骨骸，引起了山摇地动，再次震动了皇宫。皇帝知道国师没有遵旨破坏那块风水宝地，也没有消灭邓古佬，遂下令当地郡守立即派出官兵直奔白石水缉拿邓古佬和国师，挖出邓古佬亡母的骨骸进行销毁。

再说邓古佬葬母后回到家，心中十分懊悔，直骂自己不听国师的话，连晚饭也懒得吃就上床睡觉了。朦胧中似有人叫自己的名字，仔细一瞧，那位国师已飘然而至，邓古佬忙下跪向国师认错。国师说："天命不可违，你已犯天戒，本已到的福气却变成无穷祸害，官兵明天将到，山中有一个神秘的山洞，我们赶紧进洞躲避吧。"于是两人连夜上山进入那外人并不知晓的山洞，并把洞口封了。

因为找不到这两个人，郡守便下令放火烧山，让村民连片挖山，一是想找到邓古佬和国师藏身之处，二是把挖出的泥土装入袋中，运到附近小河清水冲洗，希望能找出邓古佬亡母骨骸。但是官兵折腾了一年什么都找不到，也找不到邓古佬和国师，只好作罢，班师回朝。

后来邓古佬和国师在洞中修炼成仙，改朝换代后他俩经常接济山下的村民。村民为了感恩邓古佬和国师，在洞口附近修建了一座庙，这就是今天的

五皇山阳石

五皇山石柱岭

香火不断的通天庙。还根据高山大岭出五代皇帝的传说修建了一座五皇庙，这座仙山也因此被称为五皇山。

后 记

历史像一条桀骜不驯的河流奔腾不息，不管平坦如砥还是曲曲折折，它都一路向前，义无反顾。

钦州的历史亦然。

在漫长的一千四百多年中，钦州曾经繁华昌隆，商贾云集，亦曾经衰败凋零门前冷落，曾经海晏河清，风调雨顺，物阜民丰，亦曾经遭遇天灾人祸，民不聊生，千里赤地，万户萧疏。

人间正道是沧桑。钦州的历史其实是整个中华民族历史的缩影，艰难困苦，玉汝于成，苦难辉煌，浴血荣光，中华民族饱经忧患，历尽磨难，钦州岂能概莫能外?

凡是过往，皆为序章。

古老的安州已经湮没在历史的风尘之中，钦州得名后走过了隋唐宋元明清的历史长河，走过了民国的纷纭乱世，1949 年新中国成立后，钦州浴火重生，书写了七十多年的辉煌。

钦州从远古中走过来，钦州正往未来奔去。

钦州属于州字辈，有学者研究表明，举凡带有州字的城市皆有千年以上历史，如柳州得名于唐贞观六年，梧州得名于汉高祖三年，贺州从梧州分出，亦然。而有州字的城市大都有河穿城而过，如邕州之邕江、柳州之柳江、梧州之西江、钦州之钦江。古人迷信五行风水，认为土聚财水生金，故依水而居与水为邻。诚然，上善若水，水利万物。钦州得天之独厚，咸淡相宜山青海蓝，天时地利人和，焉能不发达?

面朝大海，因海而荣，向海图强，试想平陆运河一旦与大海交汇，通江达海成为现实，钦州鲜花著锦、烈火烹油还有悬念吗?

钦州的历史星空璀璨夺目英杰辈出，文臣武将层出不穷交相辉映。文韬杰出者有宁原悌、姜公辅、冯敏昌，武略杰出者有刘永福、冯子材、黄明堂、香翰屏。而神奇的钦州从来没有远离过贤达高士热切关注的目光。苏轼获得大赦之后北归取道钦州，虽然只是匆匆过客，亦有流风遗迹；齐白石青睐钦州，三次到此赋诗作画；孙中山先生于斯两度指挥武装起义、规划建国方略，擘画美丽蓝图；田汉对钦州情深如许，旅钦期间赋诗五首，盛赞钦州山川风物，喟叹“钦州何必是天涯”？

远去了鼓角争鸣，黯淡了刀光剑影，然而在汉代海上丝路上，一个个鲜活的面庞依然生动，扬帆出海的情景历历在目。

“我是谁？我从哪里来？我要到哪里去？”这是公元前古希腊伟大的思想家、哲学家柏拉图提出的哲学命题。历史厚重是一个沉淀，但是不管辉煌还是黯淡，毕竟已经过去。诚然，历史是一条河流，不可割断，我们在向前奔跑中蓦然回首，看看来时的路，想想过往，或许会大有裨益。

观古知今思进退，读书养志识春秋。“古之视今亦犹今之视昔”，以史为鉴可知兴替，以铜为鉴以正衣衫。总结历史经验教训，去伪存真，扬长避短，将有利我们锐意进取踔厉前行。

何为“烟火”？诗人有言：“人间烟火气，最抚凡人心。”一半烟火，一半清欢，人的一生总会与柴米油盐酱醋茶相伴，这就是烟火的味道，生活的本真。往事如烟，岁月似歌，曾历一千四百多年滚滚红尘的钦州，既有“大江东去”那样的引吭高歌，亦有“月满西楼”那样的低吟浅唱；既有直上云霄的英雄豪情，亦有贴近地气的人间烟火。

《烟火钦州》在编著的过程中，得到了钦州市委宣传部、钦州市档案馆、钦州市方志办等有关单位的关心支持，李世川、罗礼烈、王兆儒、程翠卿、何述强、谢凤芹、吴世林、潘扬洋等提供了许多宝贵资料，谢勇云、陈春棠、黄奎、梁沃、陈旭霞、邱桂丽、潘华清、卢炼、许其杰、黎永冰、蒋团云等参与了本书撰稿，钦州市摄影家协会、钦州市档案馆、钦州市博物馆、钦州市钦南区档案局、泉州市摄影家协会，以及孙正懿、张风、黑明、谢勇云、曾开宏、冯涛、李景琳、翟可隽、陈永洪、钟进、陈立辉、陈琳、陈丹、朱智、梁武、王平、李斌喜、许志干、李凡、郑广涛、李海泉、邓兴隆、黄芬文、施国辉、邓蕾雅、黄遇春、陆敏、张敏、郭恒、张大进、王湖禄、韦彭、杨幼奇等提供了图片资料，使本书内容更为丰富翔实。广西师范大学出版社编辑多次披阅书稿，提出修改意见，严格把关，精益求精。

在此谨致谢忱不一。

钦州历史绵长，史料浩如烟海，由于时间局促，更因视野和水平所限，本书可能挂一漏万，不免存在瑕疵，敬请读者批评！

是为后记。

编著者

2023 年 10 月